알기 쉬운 승마이야기

원제 happy horsemanship / **옮긴이** 최명진

(주)도요

HAPPY HORSEMANSHIP by DOROTHY HENDERSON PINCH
알기 쉬운 승마이야기 by 최명진
Korea Copyright©2012 by TOYO inc.

"알기 쉬운 승마이야기"의 국내 저작권은 (주)도요가 소유합니다.
저작권법에 의해 보호받는 저작물이므로 (주)도요의 서면 동의 없이 무단전재와 무단복제를 금합니다.

알기 쉬운 승마이야기

지은이 / DOROTHY HENDERSON PINCH
옮긴이 / 최명진

초판발행 / 2012년 10월 15일
재판인쇄 / 2014년 3월 10일

발행인 / 표재성
발행처 / (주)도요
기획, 편집 / 이상현
그림, 편집 / 박선영
디자인, 편집 / 표재성
마케팅 / 강민주
경영지원 / 김은진, 김민
기획, 편집총괄 / 정성환

등록번호 / 제 301-2012-125호
전화 / (02)6375-3123 팩스 / (02)6008-6533

ISBN 9788996910725 93690
정가 15,000원

※ 잘못 만들어진 책은 구입처 및 본사에서 교환해 드립니다.

순 서

역자서문	IV
1. 말(馬)의 소개	1
2. 말의 버릇(습관)	21
3. 승마준비	37
4. 승마와 하마법	57
5. 말 위에서의 승마자세	71
6. 말은 어떻게 움직이는가?	87
7. 말을 어떻게 출발 시키고 멈추게 하는가?	107
8. 속보를 하는 법과 후퇴 방법	121
9. 구보의 방법, 습보 그리고 장애물 넘기	139
10. 최명진의 승마 Essay	163

역자서문

승마... 말...에 관한 책은 무언가 전문적인 단어들과 방법, 그리고 어려운 내용으로, 읽으면서도 이해가 잘 안되는 부분이 있었고, 너무 전문적이거나 딱딱한 표현들이 글을 읽는 독자들에게는 이해하기 더 힘들어지게 하는 경우가 있었습니다.

1992년 바르셀로나 올림픽 준비를 위해 영국에서 종합마술 훈련을 하던중, 1991년 삼성승마단과 관계가 있었던 미국의 Flintridge Riding Club에서 1개월간 장애물 훈련을 할 수 있는 기회가 있었습니다.

그곳에서 말과 선수 훈련을 담당하고 계셨던 Mr. Jimmy Williams씨와 Ms. Susie Hutchison양의 도움으로 장애물 훈련을 받으면서, 단지 장애물 훈련에 한정된 지식 보다는 말에 대한 여러 가지 지식들을 습득케 된 계기가 되었는데, 훈련을 마치면 특별히 갈곳이 없었던지라 매일저녁 말, 승마에 대한 이야기를 하며 그전에 몰랐던 많은 지식들을 얻게 되었습니다.

그때, 그분들에게 말에 관한 좋은 책이 있으면 소개해 달라고 부탁을 하였었는데 그때 소개를 받았던 책이 바로 "Happy Horsemanship" 이었습니다.

읽어보니 그림도 많고 내용이 쉬우면서도 알기쉽게 설명이 되어있어서, 이런 책이라면 승마를 배우는 초보자들은 물론 누구나 유익한 정보를 얻을 수 있겠다고 생각을 하였습니다.

지금은 이미 고인이 되신 Mr. Jimmy Williams씨를 추모하며, 아직까지 미국 서부지역에서 맹렬히 선수겸 지도자 생활을 하고있는 Ms. Susie Hutchison양의 선전을 기원합니다.

아울러, 국내 승마 발전을 위해 승마 선진국에서 승마에 대한 여러가지 기술과 경험을 할 수 있도록 선수들(저를 포함한 삼성승마단 소속에 속해 있었던 국내의 많은 선수들)에게 아낌없는 투자를 결정해 주셨던 이건희 회장님께도 깊은 감사를 드립니다.

그리고, 1986년부터 1994년 까지 종합마술 경험도 없었던 저를 등에 태우고 대회에 참가 해줬던 말들... 고구려, 스너플러, 페퍼민트, 버디굿, 이븐우드, 알리바이, 등등 모두 다 기억은 희미해지고 이미 다 지하에서 고이 잠들고 있겠지만...에게도 고마움을 전합니다.
승마를 처음 시작하는 또는 말에 대해 궁금증이 있는 많은 사람들에게 이 책이 자그마한 도움이 된다면 큰 보람을 느낄 것 입니다.

재미있는 승마!
행복한 승마!
그리고...
안전승마 하세요....!

2012년 8월
최 명 진

최명진 감독 주요 국제경기 출전경력
1986년 서울 아시안게임 종합마술경기 개인1위, 단체2위
1988년 서울 올림픽 종합마술경기 개인17위, 단체7위
1991년 영국 Burghley 국제 종합마술경기 19위
1992년 스페인 바르셀로나 올림픽 종합마술경기 개인 20위
1994년 네덜란드 헤이그 세계선수권대회 종합마술경기 개인 49위
1994년 히로시마 아시안게임 마장마술경기 단체2위
1998년 방콕 아시안게임 마장마술경기 단체1위, 개인3위

기타
2004년 그리스 아테네 올림픽 승마팀 감독
2006년 카타르 도하 아시안게임 승마팀 감독.

알기쉬운 승마 이야기

1. 말(Horses, 馬)의 소개

말, Horses, 馬 은…

무언가 꿈을 꾸게하고 …

희망을 가지기도 하고…

보는게 즐겁기도 하고 …

친구가 되기도 합니다.

쓰다듬는 것도 좋고…

껴안는 것도 훌륭합니다.

그리고 … 말을 타는 것은 정말 즐거운 일입니다.

먼저, 승마(乘馬)를 즐기려면 말에 대한 중요한 몇 가지를 승마하기 전에 알아두면 도움이 될 것입니다.

말 이라는 이름은 라틴어로 에쿠우스(Equus)라고 합니다. 이 에쿠우스(Equus)란 단어로 부터 에콰인(Equine)이라는 단어가 발생되는데, 이 단어의 뜻은 "말과 함께 무엇인가를 하는" 이라는 의미이고, 이퀘스트리안(Equestrian) 이라는 단어의 뜻은 "말을 타는 사람" 이라고 합니다.

말은 그리스 언어로 히포스(Hippos)라고 합니다. 이 단어로 부터 바다의 말(海馬)인 히포켐푸스(Hippocampus), 강의 말(江馬)인 히포포타무스(Hippopotamus), 그리고 말을 사랑하는 사람인 히포파일(Hippophile), 이라는 단어들이 생겨났습니다. 이글을 읽고 있는 당신은 물론 히포파일(Hippophile)이기를 바랍니다.

말은 포유동물 이며 포유동물의 의미는 어미가 어린 새끼에게 젖을 먹여 성장시키는 동물이란 뜻입니다.

말의 새끼는 망아지라고 부르며, 망아지가 어미의 젖을 떼게 되는 1년 동안 어미와 함께 지내는데 1년이 되는 시기를 "한 살배기 망아지" 또는 Yearling 이라고 합니다. (더러브렛/Thoroughbred 혈통의 말은 태어난 달과 날짜에 관계없이 매년 1월1일이 되면 1살을 먹게 됩니다.)

수컷의 말은 태어나서 3세가 될 때까지 숫망아지(Colt)라고 부르며, 그 후로는 숫말(Stallion) 이라고 하는데, 숫말을 더 다루기 쉽게 하기 위해 바꾸기도 하며 이런 경우에 그 말은 거세마라고 부릅니다.

암컷의 말은 암말(Mare) 이라고 부르며, 태어나서 3세가 될 때까지를 암망아지(Filly)라고 부릅니다. 새끼말의 엄마는 어미(Dam)라고 하며, 아빠는 아비(Sire)라고 합니다.

새끼는 "… 어미로 부터" "… 아비에 의해서" 출생했다고 표현합니다.

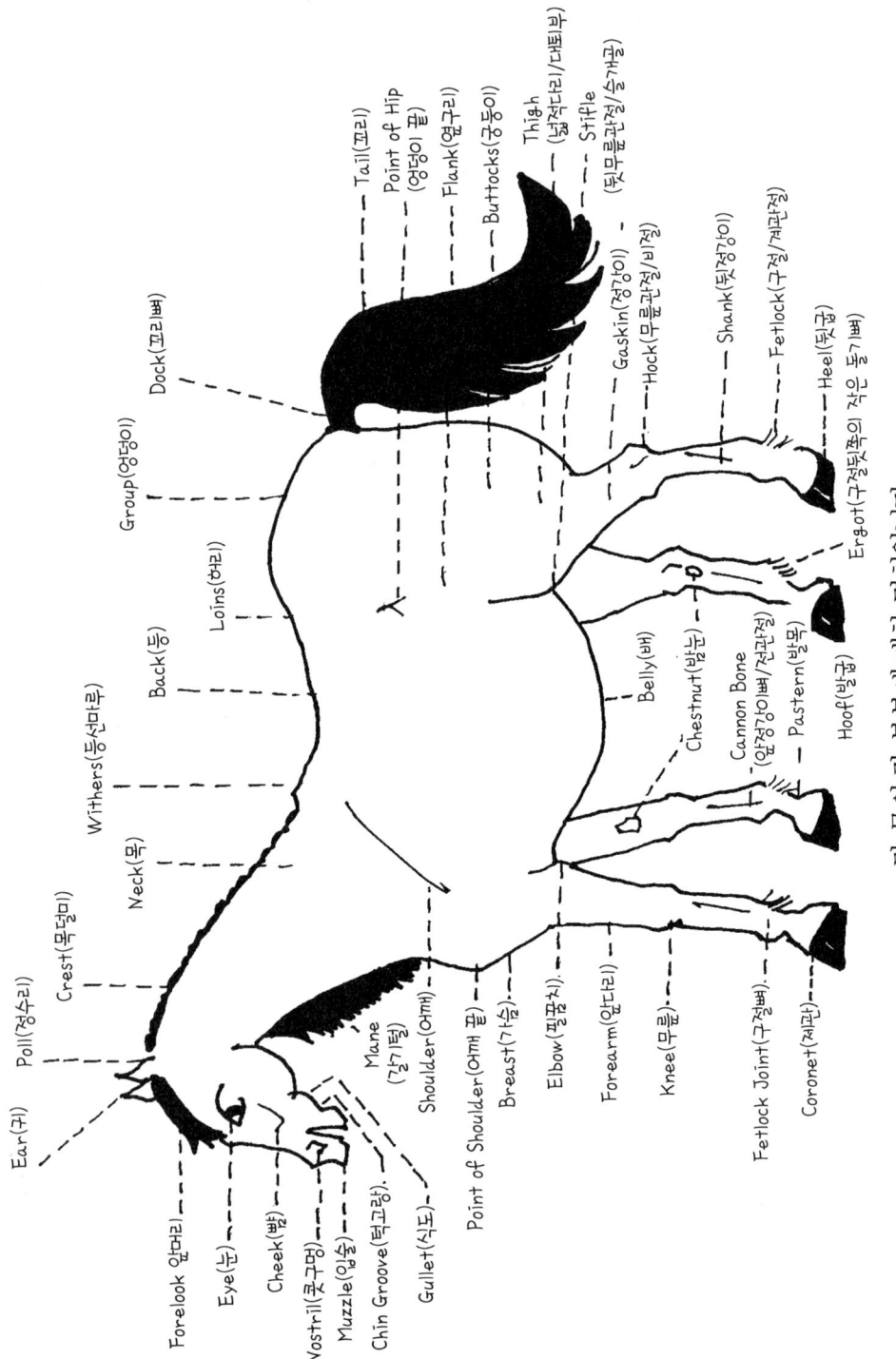

말의 신체는 크게 앞쪽 몸뚱이, 몸통, 뒤쪽 몸뚱이로 구성되어 3부분으로 나누어집니다.

앞쪽 몸뚱이 부분은 머리, 목, 어깨, 등선마루, 앞다리를 뜻하며, 몸통 부분은 등, 갈비, 배 부위를 말합니다. 뒤쪽 몸뚱이 부분은 허리, 옆구리, 엉덩이, 꼬리, 그리고 뒷다리를 의미 합니다.

말의 왼쪽은 안쪽, 오른쪽은 바깥쪽 이라고 부릅니다.

말은 척추동물 이며 등뼈를 가지고 있습니다.

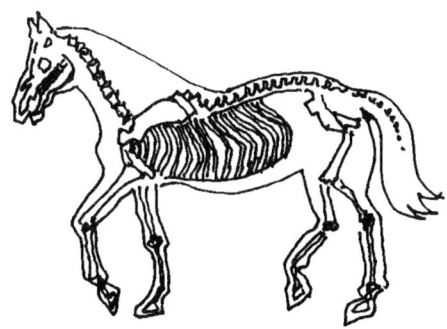

말의 키를 잴 때에는 지면의 바닥 에서부터 등선마루 까지를 재며 모든 말의 키는 hand(1 hand는 4 inch입니다.)로 표기합니다.

어느 종류의 말이던지 14hands 2inches 보다 작으면 포-니(Pony) 라고 부르며 키가 큰말은 18 hands 가 되는 말도 있습니다.

말은 포유류에 속하며 이것의 의미는 4발을 가진 동물 이라는 뜻 입니다. 말의 앞쪽에 있는 다리를 앞다리(Forelegs)라 부르며 팔꿈치, 무릎, 발굽위의 관절(흔히 구절 이라고 함)부분이 굽혀질 수 있습니다. 또한 앞다리는 말의 체중을 거의 모두 싣고 있지만 뒷다리와 달리 휴식(체중의 부담을 줄이는)을 취하지 않아도 됩니다. 앞다리의 안쪽 무릎 위에는 조그만 혹 같은 것이 자라나는데 이것은 밤눈(Chestnut)이라고 불리며, 발굽위의 관절에 자라는 긴 털은 땀이나 빗물로 부터 발뒤꿈치를 보호하기 위해 자라납니다.

말과 함께 있을 때 말의 앞다리는 항상 주의를 해야 합니다. 여름철에 파리를 쫓을 때 발을 구르는 동작을 자주 하는데 옆에 있는 사람을 의식하지 못하고 사람의 발등을 밟을 수도 있기 때문입니다.

말의 뒤쪽에 있는 다리는 뒷다리라고 부릅니다. 뒷다리에 의해서 말의 몸이 앞으로 움직이게 되며 잠을 잘 때나 휴식을 취할 때 한쪽 다리를 편하게 약간 구부려 나머지 한쪽 다리만 의지한 채 쉬기도 합니다.

말의 뒷다리는 무릎관절, 말굽위의 관절 등이 앞과 뒤로 굽혀지고 펴질 수가 있습니다. 뒷다리의 안쪽 부분에도 밤눈 이라는 것이 자라납니다. 말이 깜짝 놀랄 때 뒷다리로 자신을 보호하기 위해 찰 수 도 있으므로 말의 뒷다리 부분에 서있거나 뒷다리 부분으로 지나갈 때 에는 조심하여야 합니다.

말의 눈은 앞쪽을 바라보게 되어 있습니다. 자신의 뒤쪽을 보기 위해서는 머리를 돌려 뒤쪽을 바라보며, 말의 눈은 크고 빛나며 따로 떨어져 위치하고 있습니다.

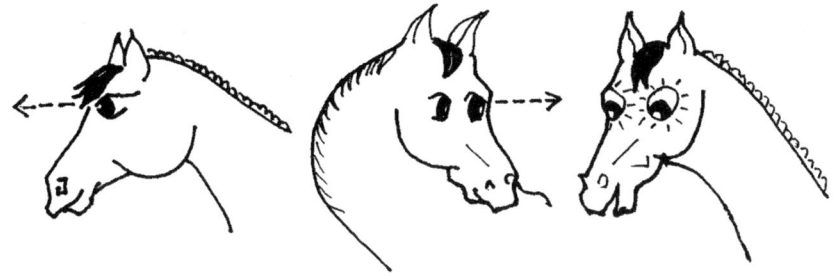

말의 귀는 동시에 양쪽 귀를 각기 다른 방향으로 움직일 수 있으며 앞쪽으로, 또는 뒤쪽으로 움직일 수 있습니다. 말의 귀를 유심히 관찰하면 말의 감정을 이해할 수 있습니다. 말의 귀가 동시에 앞쪽을 향할 때 에는 무엇엔가 흥미를 느끼고 경계하며 관심을 보일 때 이고, 양귀가 뒤쪽과 앞쪽으로 움직일 때 에는 경계를 하며 지시자, 또는 이 글을 읽고 있는 당신의 목소리(지시)를 경청 할 때 입니다.
말이 편하게 쉴 때나 졸을 때 말의 귀는 양쪽으로 힘없이 벌려져 있습니다. (어떤 말은 태어나면서부터 이런 형태의 귀를 가지고 태어나는데 이런 형태의 귀를 토끼 귀 라고도 합니다)
말의 양쪽 귀가 뒤쪽으로 향해져 있을 때에는 주의를 할 필요가 있습니다. 인간으로 표현되는 언짢은 얼굴이나 눈살을 찌푸리는 행위이기 때문입니다. 양쪽 귀가 더욱 뒤쪽으로 향한다면 이때는 매섭게 쏘아보는 성난 표현이기도 하며 말의 귀가 뒤쪽으로 향할 때는 왜 화가 나있는지, 무슨 이유에서 인지를 알아야 합니다.
언제든지 양쪽 귀가 뒤쪽으로 젖혀져 있는 말을 대하게 될 때에는 말의 이빨과 말의 다리를 특히 조심해야 합니다.

　말의 이마(Forehead)는 넓고 평평합니다. 이마가 넓고 평평한 형태의 모습을 가진 동물은 대체로 분별력이 있고 육감적인 동물 이라고 할 수 있습니다. 이와는 반대로 좁은 이마와 눈 사이가 불룩 튀어나온 형태의 동물들은 흥분하기 쉬운 천성을 가지고 있습니다.

　말의 입 부위 중 윗입술은 강한 힘을 가지고 있으면서도 매우 유연합니다. 아래 입술을 이용하여 풀을 끌어당겨 입속으로 집어넣기도 하고, 건초(Hay)를 먹을 때 에도 사용됩니다.

　말에게 무엇을 먹일 때 손가락을 말의 입속으로 넣지 않도록 주의할 필요가 있습니다. 또한, 말이 졸거나 점차 나이를 먹을수록 아래 입술이 힘없이 늘어지거나 아래로 처지기도 합니다.

　말이 태어나서 죽을 때 까지 2번의 치아를 바꾸게 됩니다. 태어나서 6세에 이를 때 까지 첫 번째 자라나는 이빨로 생활하기도 하고 사고로 이빨을 잃기도 하는데 이 이빨을 유치(젖니)라고 합니다. 6세 이후부터 모양을 갖춘 이빨이 출현 하는데 이빨의 형태를 보고 말의 나이를 알아낼 수 도 있게 됩니다.

　말의 나이 9세 까지는 신체의 발육이 계속되지만 9세 이후의 말은 완전히 성숙된 (인간의 성년) 나이라고 생각하면 됩니다.

　암컷의 말은 36개의 이빨을 가지고 있지만 수컷의 말은 암컷보다 4개의 이빨을 더 가지고 있어서 총 40개에 이릅니다. 수컷 에게만 존재하는 4개의 이빨은 송곳니라고 부릅니다.

　말을 조종하고 이해하기 쉽도록 하기 위해서는 턱의 구조를 알아둘 필요가 있습니다. 재갈(Bit)을 항상 입에 물고 있으면서 승마자가 고삐를 당기거나 할 때에 입안의 매우 예민한 부위를 자극하게 되는데 이 부위를 잇몸 이라고 합니다.

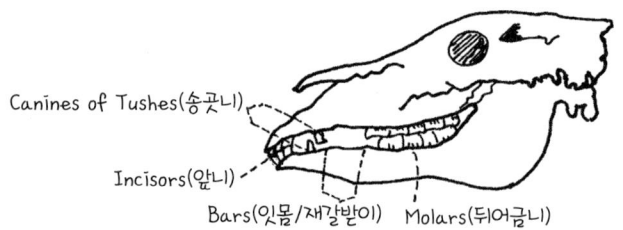

잇몸 이라고 부르는 부위는 아래턱의 이빨이 없는 부위를 뜻 하는데 앞니, 또는 앞니와 어금니 사이에 위치하고 있습니다. 잇몸에 자극되는 정도에 따라 회전을 하고, 머리를 올리거나 내리기도 하고, 턱의 자극이 없으므로 해서 말이 편안하게 되기도 하며 말의 정수리 부위가 유연하게 되기도 합니다.

말의 진행 방향을 바꾸거나 속도를 조절할 때, 그리고 말의 밸런스(Balance)는 말의 잇몸에 전달되는 정확한 압력과 자극에 의해서 이루어집니다.

승마자의 손가락이나 엄지손가락으로 잇몸을 가볍게 누르거나 자극을 주면 가해지는 자극에 의해서 재갈을 씌울 때 위험 없이 말의 입을 벌릴 수 있습니다.

이때, 잇몸이 아닌 이빨이 있는 부위에 손가락을 집어넣으면 부상을 입을 수도 있으므로 주의 하여야 합니다.

말은 길고 매우 유연한 목을 가지고 있습니다. 좌우로 자연스럽게 목을 움직일 수 있어 말(스스로의) 뒷부분도 돌아볼 수 있습니다. 목의 길이도 적당하게 길어 좌우측 몸통까지 닿을 수 있어 여름철 파리 등을 쫓을 때나 가려운 곳을 입이나 앞 이빨로 긁을 때 매우 유용하게 사용하기도 합니다.

말은 휘어짐이 자유스러운 긴 목을 이용하여 승마자가 말을 손질하거나 안장을 올리는 부주의한 순간에 물수도 있습니다.(짧은 끈이나 마방굴레를 이용하여 양쪽을 묶어두면 갑자기 당하는 놀라움을 방지할 수 있습니다.)

말의 목은 길고 유연하기 때문에 쉽게 땅 바닥에 있는 풀을 뜯어 먹을 수 있습니다.

때때로 승마자가 운동을 하고 있는 도중에도 풀을 뜯어 먹을 때가 있는데 이때 고삐를 강하게 당겨 머리를 들어 올리려고 하지 말고 박차, 또는 종아리로 말의 옆구리를 자극하여 앞으로 전진 시키도록 하면 말이 스스로 원하든 원하지 않든 자연적으로 머리를 올리게 됩니다.

말은 목을 이용하여 말 자신의 균형을 유지하게 되며 많은 영향을 받을 수 도 있는데, 목을 높이 올리고 있으면 다리를 올려서 보폭을 조절 하며, 목을 길게 앞으로 뻗으면 속도를, 목을 올리고 약간 굽혀서 경중경중 거리는 흥분된 걸음을 걸을 수 도 있습니다.

말목의 위치를 이용하여 재갈의 반항이 있나 없나를 구별 할 수도 있는데, 가장 좋은 목의 위치는 말의 몸체에 직선상의 앞으로 똑바로 되어 있는 것이 가장 좋습니다.

목의 제일 윗부분 에는 굵고 긴 머리가 자라나는데, 이것을 갈기털 이라고 부릅니다. 또한 양쪽 귀 사이와 앞이마에도 머리털이 자라나는데 앞 머리털, 또는 앞 갈기 라고도 합니다.

갈기털은 대부분 말목의 오른쪽으로 자랄 수 있도록 훈련을 시킵니다.

소몰이를 하는 말들의 갈기털은 말 목의 왼쪽으로 자라도록 하는데 그 이유는 대부분의 카우보이(Cowboys)들이 소를 잡기위해 로프를 말목의 오른쪽 에서 주로 사용하는데 방해가 되지 않도록 하기 위함입니다. 또, 폴로(Polo)를 하는 말들은 갈기털을 모두 깎아서 폴로 경기자의 멜렛트(Mallet)[1]의 움직임에 방해되지 않도록 하기도 합니다.

특별한 이유나 경기에 참가하기 위해서 갈기털을 예쁘게 땋기도 하고 색깔이 있는 리본을 첨부하여 매력적인 외모를 만들기도 합니다.

---

[1] Mallet : 경기자가 손에 쥐고 공을 때리기 위해 잡고있는 나무로된 긴 막대.

말의 발은 발굽(Hoof) 이라고 합니다.
　발굽의 바깥쪽을 둘러싸고 있는 부분은 딱딱하고 뿔 모양의 형태를 하고 있습니다. 발굽의 제일 윗부분은 다리와 뿔 모양의 딱딱한 부분과의 연결 부위가 있는데 이 부위를 제관(Coronet) 이라고 합니다.
　발굽의 안을 보면 쐐기 모양의 부드럽고 신축성이 있는 부위가 있는데 이것을 제차(Frog)라고 합니다.

Parts of hoof(발굽의 모양)

- Cleft of frog(제차의 갈라진곳)
- Cushion of heel(굽의 완충지역)
- Angle of heel(굽의 경사각)
- Frog(제차)
- Bars(세로바)
- White line(백선)
- Sore(바닥)
- Wall(제벽)
- Coronet(제관)
- Heel(뒷굽)
- Toe(발굽끝)
- Shoe(편자)
- Nail(못)
- Clip (편자를 발굽에 잘 부착되도록 하는 클립)
- Calkin(편자의 구부린 끝쇠)

　제차(Frog)의 역할은 지면에서 오는 발의 충격을 흡수하는 작용을 합니다. 발굽이 쪼개지거나 지면으로부터 보호하기 위해 편자(Horseshoe)를 못으로 박아 발굽에 고정을 시키는데 못을 굽에 박는다고 아픈 것은 아니며 발굽의 바깥쪽 딱딱한 부위는 인간의 손톱과 같이 감각이 없습니다.

　발굽에 편자를 부착하기 위해서는 편자를 불에 구어서 망치로 두드려 모양을 만들고 난 이후에 발굽에 맞도록 만드는데 이 편자는 5주에서 6주에 한 번씩 새 것으로 바꾸어 주어야 합니다. 편자를 바꾸어 주는 사람은 장제사, 또는 풰리어(Farrier), 블랙스미스(Blacksmith) 라고 부르고, 그 사람들이 작업하는 장소를 대장간이라고 합니다.

말 어깨의 각도는 보폭의 크기에 영향을 줍니다. 어깨의 각도가 비스듬히 기울어져 있다면 승용마로 가장 적합 합니다. 가슴이 넓고 깊으면 폐의 운동에 충분한 여유를 줄 수 있고 말이 속력을 내고 달려야할 때 이와 같은 좋을 폐를 가지고 있어야 하는데 호흡을 할 때 방해받지 않는 좋은 폐활량을 가지고 있다고 말하기도 합니다.

신축성이 좋은 갈비뼈는 소화기관에 충분한 공간을 주고, 만약 말의 갈비뼈가 짧고 길쭉하다면 소화를 잘 시키지도 못할뿐더러 잘 먹지도 못하며, 크고 신축성이 좋은 갈비뼈를 가지고 있지 않다면 활력이 없고 또한 좋은 컨디션을 유지하기도 매우 어려워집니다.

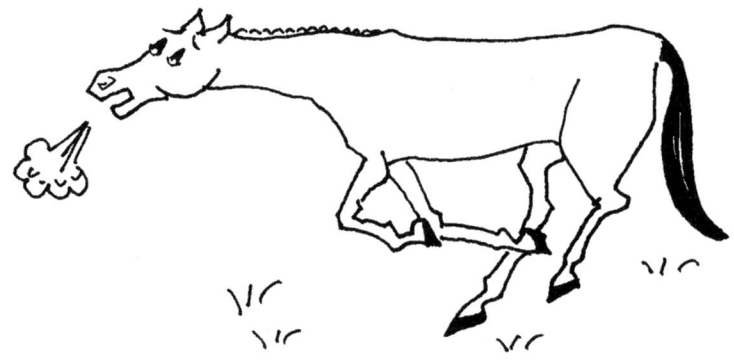

짧고 튼튼한 말의 등은 승마자의 체중을 쉽게 다룰 수 있고, 근육질의 뒷다리와 엉덩이는 가장 적은 운동으로도 전진할 수 있게 합니다.

꼬리털은 대체적으로 갈기털과 같은 색깔이며, 꼬리의 맨 윗부분에서부터 자라나기 시작합니다. 꼬리털의 굵기와 길이는 말의 종류에 따라 다양한데 빈약하고 짧은 꼬리털을 가진 아팔로사(Appaloosa)나, 길고 풍성한 꼬리털을 가지고 있는 쉿틀랜드(Shetland)포니 등이 있습니다.

말의 꼬리털은 여름철에 파리들을 쫓기 위해 아주 유용하게 사용되며, 또한 시합장이나 전시회에 출전하기 위해 꼬리를 예쁘게 땋기도 합니다. 만약 말의 꼬리가 짧다면 과거에 마차를 끌었던 말 이었거나 마차 경기에 사용 되었던 말 이라고 할 수 있습니다.

말은 기분이 좋을 때 에는 꼬리를 높이 쳐들고 다니기도 합니다.

말의 몸통은 다양한 길이와 두께의 털로 덮혀 있습니다. 이러한 털은 머리 부분에서부터 꼬리의 방향 쪽으로 털의 결이 자라나며, 일년에 두 번, 봄과 가을철에 털갈이를 합니다. 겨울철에는 매우 밀집된 속 털이 자라나는데, 굵고 긴 이러한 털들은 겨울철에 비, 바람, 눈과 같은 추위로부터 보호하기 위함입니다.

봄에는 겨울철에 자랐던 털들이 빠지면서 짧고, 고운 여름털이 자라납니다.

겨울철에 털이 많이 나는 것은 말의 조상이 살았던 지역에 따라 많은 차이가 있는데, 추운 지방의 북부지역에서 자랐던 말들은 터키나 아랍지역과 같이 따뜻한 지역에서 살았던 말 보다 훨씬 많고 두툼한 양의 털이 자라납니다.

말의 겨울털이 자라는데 승마운동을 하여야 한다면 대부분 몸에 나 있는 긴 털들을 기계를 사용해서 깎아 주는데, 운동할 때 많은 땀을 흘리지 않게 하기 위해서입니다.

안장을 얹는 부위에는 말 등을 보호하기 위해 털을 남겨두기도 합니다. 말의 건강이 매우 좋을 때는 말의 털이 부드럽고 반짝반짝 빛이 나며, 윤기가 없고 덥수룩한 털을 가지고 있는 말은 건강이 좋지 않다는 표시이기도 합니다. 일정하고 반복적인 말의 손질은 매끄럽고 윤기 나는 좋은 상태로 유지하여줄 수 있습니다.

2. 말의 버릇(습관)

 말은 다른 여느 동물들과 같이 나름의 버릇이나 습관이 있습니다만, 일반적으로 말은 친화력이 좋은 동물이고 사람을 많이 좋아합니다.
 말은 대화를 하며 애무해주는 것을 좋아하는데, 만약 말의 머리 부분을 애무해줄때에는 승마자의 손이 말의 눈 아랫부분을 만지도록 합니다.
 눈의 윗부분을 만지면 말이 두려워할 수 있으므로 주의하여야 합니다. 말을 애무하기에 가장 좋은 부위는 목 부위나 어깨 부위입니다. 그 이유는, 말과 사람과의 거리를 유지하며 만일의 경우에 말이 사람을 물려고 하거나 실수로 찰 수 없는 거리를 유지해야 하기 때문이기도 합니다.

말에게 접근 할 때에는 말이 볼 수 있는 앞쪽으로 부터 접근 하는 것이 좋으며 조용하고 부드러운 목소리로 사람이 접근 한다는 것을 알리는 것이 좋습니다.

말에게 접근할 때 큰소리로 외치거나 뛰어 가는 것은 말이 놀라므로 주의 하여야 합니다.

만일 부득이하게 말의 뒷부분으로 접근하게 될 경우에는 목소리를 내어 말의 뒤쪽으로 사람이 접근하고 있다는 것을 알리는 것이 좋습니다.(말이 놀라서 먼저 뒷다리로 차고난 후에 뒤를 볼 수도 있기 때문입니다.)

말은 설탕, 당근, 사과 같은 것들을 좋아합니다. 그렇지만 말이 재갈을 입에 물고 있는 경우에는 음식물을 씹기 어려움으로, 당근이나 사과 같은 것을 주지 않는 것이 좋습니다.

말들이 좋아하는 이러한 기호 식품을 줄때에는 항상 손바닥을 펴서 평평하게 하여 손가락이 다치지 않도록 하여야 합니다.(혹 손가락을 구부리고 기호식품을 말에게 준다면 실수로 손가락을 씹을 수 도 있으므로 주의 하여야 합니다!)

말들도 사람들과 마찬가지로 유난히 간지러워 하는 부위가 있습니다. 이러한 부위를 솔질 하거나 만지면 가려워서 도망을 치며 만지지 못하게 하기도 합니다. 말은 "그만해" 라고 말을 하지 못하기 때문에 물거나 차는 동작으로 위협을 주기도 합니다.

앞다리의 팔꿈치 뒷부분은 특히 말들이 가려워하는 부위로서, 승마자들이 안장을 올리고 복대를 조일 때 승마자를 물려는 동작을 많이 보게 되는 이유 중의 하나입니다.

엉덩이 앞의 옆구리는 매우 민감한 부위중의 한곳으로 가끔 이곳을 만지거나 솔질할 때 앞다리로 땅을 힘차게 구르거나 뒷다리로 차려고 하므로 주의 하여야 합니다.

말은 떼 지어 다니는 동물이며 여행(이동)을 할 때에도 함께 다니는 것을 좋아합니다.

이러한 이유 때문에 다른 친구로부터 멀어지게 되면 친구들이 모여 있는 장소로 돌아가려고 하거나.

다른 말과 함께 있으려고 자신의 마구간으로, 또는 말들이 있는 다른 마구간으로라도 갈려고 노력합니다.

다른 말들로부터 이탈하지 않으려고 하는 이러한 습성을 승마 중에 느낀다면 놀랄 필요는 없습니다. 승마자와의 신뢰가 쌓이기 위해서는 약간의 시간이 필요하며 승마자와 말과의 확신이 이루어지면 재미있는 운동을 할 수가 있게 될 것입니다.

 언제나 말들은 다른 무리들의 말이 뛰는 것을 보면 흥분을 하며 같이 뛰려고 합니다. 이럴 때는 말이 침착할 수 있도록 달래며 토닥거려야 합니다.
 또, 다른 말들과 함께 운동을 할 때(함께 행진을 할 때) 다른 말들이 빠르게 이동하거나 하면 따라 가려고 노력을 하거나 추월을 하려고 하기도 합니다.
 다른 말보다 뒤처지는 것을 매우 싫어하기도 하는 경우도 있으므로 이럴 때는 앞으로 가지 못하게 고삐를 강하게 당기지 말고 선두에 설 수 있도록 하거나 또는 무리로부터 멀리 떨어져 있도록 하면 달리고 싶어 하는 마음이 가라앉을 수도 있습니다.

혼자서 운동을 할 때에도 말 스스로 빨라지는 경우가 있는데 마구간 쪽으로 향하게 되면 빨라지는 수도 있습니다.

다른 말들로부터 뒤에 있다가 갑자기 무리와 함께 하려고 할 때 말들은 불안한 행동을 하는데 방목장에 자연 상태로 방목되어 놀고 있을 때처럼 장난기 있는 뒷발질이나 껑충껑충 거리며 뛸 수도 있습니다. 이러한 행동을 보일 때에는 그대로 방치하지 말고 빠르게 무리에 접근하지 못하도록 하여야 합니다.

만약, 말이 이러한 행동을 시작 하였을 때에는 안장에 깊게(안정되게)앉고 말의 머리가 아래로 내려가지 못하도록 하여야 하는데 말이 머리를 내리면 뒷발질이나 껑충껑충 거리는 행위를 하기가 매우 쉬워집니다.

말은 의외로 매우 겁이 많은 동물입니다. 새로운 무엇인가를 보거나 이상하게 생긴 물체를 보면 잘 놀라기도 합니다.

무엇엔가 놀라면 놀라는 물체로 부터 멀리 도망가려고 하므로 말이 놀랄 때 진정을 시켜주고 마음대로 버릇없는 행동을 하지 못하도록 하여야 합니다.

말은 그림자나 소리에도 매우 민감하게 반응을 보이는데 빠른 움직임에 승마자가 낙마를 할 수 도 있으므로 안장에 안정되게 앉아 있어야 합니다.

큰 소리나 갑작스런 소음으로부터 놀라 도망가려 할 때도 있으므로 침착할 수 있도록 음성으로 달래주고 고삐의 조작을 침착하게 하여 안정될 수 있도록 하여 주어야 합니다.

　일반적으로 말은 동료(말)들을 좋아하나 특별한 경우 싫어할 수 도 있는데 이럴 때는 서로가 싸우려고도 하는데 사람들이 친구들과 다툼을 하는 경우와 같은 행위이기도 합니다. 말은 다른 말들과 머리를 맞대게 되면 콧소리로 킁킁거리는데 말들의 코가 서로 가까이 닿지 않도록 하여주면 됩니다.

　때때로 말은 서로 상대방을 뒷발로 차기도 하는데, 승마운동을 할 때에 다른 말과의 거리를 유지하며 운동 하는 것이 좋습니다.

날씨가 바뀌면 말들의 버릇도 변합니다. 바람이 많이 불거나 바람 부는 소리를 말들이 듣게 되면 말들이 흥분하게 되며 활동적으로 변합니다.(만약 승마를 하는 도중 말을 제자리에 세울 경우가 있다면, 말의 꼬리 부분이 바람이 불어오는 쪽을 향하도록 하여 주면 말의 가슴 부위가 추워지는 것을 방지할 수 있습니다.)

날씨가 매우 춥거나 바람이 많이 부는 날씨를 제외하고는 말에게 크게 영향을 주지는 않습니다. 만약, 강한 빗줄기를 동반한 비오는 날씨나 강풍이 부는 비오는 날씨라면 말이 추위를 느낄 수가 있습니다. 말이 이런 날씨에 비에 흠뻑 젖어 있다면 얇은 면으로 만들어진 말 옷(Cooler)을 입혀줌으로서 빠르게 털에 묻어있는 물기를 마르게 할 수 있을뿐더러 추위를 이길 수도 있습니다.

 날씨가 따뜻하면 말들이 쉽게 졸기도 하는데 햇빛 아래에서 졸고 있는 말에게 접근을 할 때에는 접근 한다는 신호로 말에게 대화를 해줌으로 말이 깜짝 놀라지 않도록 하여야 하며, 말을 타고 있는 도중에 말이 졸리워 하면 날씨가 추울 때 보다 더 게으르고 움직임이 느리다는 것을 이해하고 승마를 하여야 합니다.
 날씨가 더운 여름철 에는 절대로 말을 밖에 묶어놓지 않도록 하여야 하며 말을 묶어둘 경우에는 항상 그늘이 있는 시원한곳에 있도록 하여야 합니다.

날씨가 차가워지면 말은 어느 때 보다도 움직임이 활발해지고 기분이 좋아지는데 특히, 따뜻한 마구간에 있다가 날씨가 차가운 밖으로 나가게 되면 이러한 현상을 보이기도 합니다.

이럴 때에는 가벼운 속보로 조심스럽게 준비운동을 시키도록 하여야 하는데 말이 속보로 운동 할 때보다 구보로 운동할 때 쉽게 뒷발질을 할 수 있기 때문입니다.

말은 사람이나 다른 말들에게 오직 콧소리로 푸르륵 대거나 히히힝~ 거리는 울음소리로만 대화를 할 수 있습니다.

기쁘거나 서로에게 안부를 물을 때나 흥분했을 때와, 두려울 때에도 이런 소리를 냅니다.

말은 홀로 있게 되면 외톨이가 되어서 히힝거리며 다른 말들을 부릅니다.

말은 홀로 외톨이가 되면 마구간으로 되돌아가려고 하거나 다른 말들이 있는 곳으로 가려고 하므로 승마자가 말을 타고 있을 때 말이 히힝~ 거리면 조심 하여야 합니다.

말은 태어날 때부터 푸른 풀잎을 먹는 것을 좋아하는데, 승마자가 말을 타고 있다 하더라도 덤불의 나뭇가지를 먹으려고 하므로 이런 행동은 절대 못하도록 하여야 합니다.

말 스스로가 흥미로워 하는 것에 대해서 주의가 산만해지지 않도록 승마자가 말을 타고 있는 동안 무슨 운동을 말이 하여야 하는지를 알려 주어야 합니다.

말이 운동 중에는 입속에 재갈이 물려있기 때문에 잘 씹지도 못할 뿐더러 재갈이 지저분하게 되므로 절대 먹을 것을 주면 안 됩니다.

말의 버릇이나 습관을 미리 알아두고 기억해두면, 어떻게 문제를 해결해야 할지 알게 되므로 승마를 하는 승마자나 말에게도 도움이 될 것입니다.

3. 승마준비

　말에게 접근 할 때에는 가능하면 말의 왼쪽으로 접근 하는 것이 좋습니다. 그 이유는 사람이 말을 끌거나, 안장이나 굴레를 씌울 때, 승마, 그리고 하마를 할 때에 이용하는 방향이기 때문입니다.
　말에게 접근 할 때에는 뛰어서 접근 하는 것은 바람직하지 않고, 조용하게 걸어서 말의 어깨 부위나 목 부위로 접근 하는 것이 정면으로 접근 하는 것 보다 좋습니다.(때때로 접근하는 사람의 손이 갑자기 말의 얼굴 부위로 오면 말이 놀랄 수도 있습니다.)

　말에게 어느 방향의 위치에서든 접근 할 때에는 몇 마디의 대화를 말에게 나누는 것이 좋은데 매우 다정다감한 목소리는 친근감이 있고 말이 사람을 공포의 대상으로 오해하지 않도록 합니다. 만약, 큰소리와 쩌렁쩌렁한 목소리를 듣게 되면 깜짝 놀라거나 겁을 먹고 두려워 할 수도 있습니다.
　말의 엉덩이 부위로 접근 하게 될 특별한 경우에는 다정다감한 목소리가 중요한 역할을 하는데, 다정스러운 목소리는 말에게 위험하지 않은 사람이 접근 하는 것을 아는 반면, 깜짝 놀랄 큰 목소리는 엉겁결에 뒷발로 차고 무엇이 뒤에 있었나 쳐다보게 될 불상사가 생길수도 있기 때문입니다.
　또한 다정스러운 목소리로 말에게 접근하더라도 갑자기 말의 엉덩이 부위를 손으로 만지면 말이 깜짝 놀라거나 뒷발로 찰 수도 있으므로 바람직하지 않고, 엉덩이 부위를 만지고 싶으면 목덜미 부위나 어깨 부위로 부터 점차적으로 엉덩이 쪽으로 만지면서 다정스런 대화를 하는 것이 좋습니다. 그러면 말은 사람이 자기를 좋아하며 만지는 것을 이해하고 놀라거나 겁먹지 않기 때문입니다.

말의 한쪽에서 다른 쪽으로 이동을 하여야 한다면 말의 앞쪽이나 말 목 아래쪽으로 지나가야 하고, 부득이하게 말의 뒤쪽으로 지나가야 한다면 말의 뒷다리가 닿지 않을 충분한 거리를 유지하고 지나가야 합니다.

말들이 쉬는 곳을 마구간(Stall)이라고 하는데 마구간에 있거나 또는 풀을 먹이기 위해 마구간 밖으로 끌고 나갈 때 마방굴레(Halter)를 머리에 씌우게 되는데 이것은 말을 끌고 가거나 어느 일정한 곳에 묶어둘 때 사용됩니다.

마방굴레는 사용하기 편리하게 마구간 부근에 걸어두고 사용하기도 하는데 말들은 입에 닿는 모든 것을 물고 장난하기를 좋아하므로 입이 닿는 부분의 끈은 쇠사슬로 연결하여 씹어도 상하지 않도록 만든 마방굴레도 있습니다.

말을 끌고 갈 때에는 반드시 말의 왼쪽(Near Side)에 사람이 위치하여야 하고 걸어갈 때 말의 머리 부근이나 말이 사람보다 약간 뒤에 따라 오도록 하여야 합니다.

어떠한 경우에도 사람보다 먼저 가지 않도록 하여야 함은 물론 말의 머리가 오른쪽으로 틀어지도록(사람이 왼쪽에 있는데) 방향을 유도하면 말을 끌고 가는 동안 말을 통제하기가 어려워질 뿐만 아니라 사람으로 부터 멀리 도망가는 경우도 생길수가 있습니다.

오른손으로 마방굴레 끈을 확실하게 잡고 마방굴레의 나머지 끈이 땅바닥에 끌리지 않도록 하여야 하는데 말을 끌고 가는 사람의 발목에 걸려 넘어질 수 있는 위험이 따르기 때문입니다. 나머지 끈은 잘 접어서 왼손에 잡고 가는 것이 좋습니다.(왼손에 끈을 잡고 있을 때 절대로 손에 감고 있으면 안 되는데 말이 무엇엔가 놀라 갑자기 뛰게 되면 말이 뛰어가는 곳으로 질질 끌려가는 위험이 따를 수도 있기 때문입니다.)

말을 끌고 갈 때 사람이 가고자 하는 방향으로 자연스러우면서도 활발하게 걸어가는 것이 좋습니다; 말은 대부분 이런 경우 습관적으로 사람이 가는 곳으로 따라 가는 것을 두려워하지는 않습니다.

만약 말이 따르지 않거나 뒷걸음질을 하면 말의 앞에서 강제로 끌고 가려해서는 안됩니다. 왜냐하면 말은 언제라도 강한 머리의 힘을 이용하여 사람을 다시 끌어당길 수가 있기 때문이며, 이럴 경우 마방굴레를 짧게 잡고 끈을 이용하여 톡톡 치며 앞으로 걸어갈 수 있도록 하여야 하는데 이러한 작은 자극은 말에게 언제나 기억 하게 되는 충격을 주지는 않습니다.

말이 좁은 길을 가야 할 때나 좁은 문을 통과 하여야 하는 특별한 경우를 제외하고는 뒤돌아보며 말을 끌고 갈 필요는 없습니다. 좁은 장소를 통과 하여야 할 때에 말이 잘 통과를 하는지 주의 깊게 살펴야 하는데 말의 엉덩이가 다른 곳에 충돌하지 않도록 유도 해주어야 합니다. (말의 엉덩이뼈는 사람의 팔꿈치와 같아서 살가죽으로만 둘러쌓여 있어서 좁은 문이나 벽에 충격을 받으면 많은 고통을 느낄 수가 있습니다.)

말을 끌고 가면서 방향을 바꾸게 할 경우에 왼쪽으로 가려면, 말의 머리가 약간 왼쪽을 향하도록 하고 끌고 가는 사람의 어깨나 팔꿈치를 이용하여 말의 목을 가볍게 누르면 말의 방향을 오른쪽으로 바꿀 수가 있습니다.

또한 속도를 줄이거나 정지를 시킬려면 마방굴레 끈을 잡고 약하게 충격을 주는 것이 천천히 가도록 고삐를 당기는 것 보다 효과적인데, 사람이 무엇을 원하는지 말에게 확실하게 지시를 하여야 합니다.(조용한 목소리의 "워~"는 말에게 정지를 하라는 의미입니다.)

말을 타기 전에는 반드시 말을 깨끗하게 닦아 주어야 하는데 이러한 행위를 손질(Grooming)이라고 합니다. 말을 손질하기 위해서는 여러 가지 도구가 쓰이는데 이러한 도구를 손질도구(Grooming kit)라고 부릅니다. 손질도구는 사용하고 보관하기 편리 하도록 손잡이가 달린 상자나 바구니에 담아두고 사용 하는 것이 좋습니다.

발굽파개(The hoof pick) - 발굽에 끼어있는 이물질을 제거할 때 사용 합니다.

큰솔(The dandy brush) - 몸통에 붙어있는 지저분하고 딱딱한 이물질을 제거할 때 사용 합니다.

몸통솔(The body brush) - 몸통에 묻어있는 먼지나 갈기, 꼬리를 닦아줄 때 사용합니다.

글갱이(The curry comb) - 몸통솔을 털 때 사용합니다.

물솔(The water brush) - 물에 적셔서 발굽, 다리, 꼬리, 갈기 등을 닦아줄 때 사용 합니다.

스폰지(The stable sponge) - 말의 눈, 콧구멍, 입술, 꼬리끝 부근이나 물에 적셔 몸통을 닦아줄 때 사용합니다.

마른수건(The stable rubber) - 손질을 마치고 최종적으로 말을 닦아 줄 때 사용합니다.

땀훑치(The sweat scraper) - 땀이나 물을 제거할 때 사용합니다.

Hoof pick(발굽파개)

Dandy brush(큰솔)

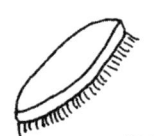
Body brush(몸통솔)

Curry comb(글갱이)

Water brush(물솔)

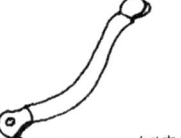
sponge(스펀지)

Stable rubber(마른수건)

Sweat scrape(땀훑치)

말을 손질 할 때에는 손질도구(Grooming kit)와 양동이에 물을 떠서 가지고 와야 합니다. 그 다음 말에게 마방굴레를 씌우고 사람이 말을 손질 하게 되는데, 이 때 말의 입술이 사람에 닿지 않을 정도로 끈을 묶어 놓아야 합니다.

말 몸을 손질 할 때 가려워하는 부위가 있다는 것을 기억해야 합니다. 겨드랑이, 배의 밑부분 그리고 엉덩이뼈 부분은 예민한 부위로서 이 부위를 만지면 말은 뒷발로 차거나 물려고 하는 행동을 보일수도 있습니다.

그 다음 돌아가며 네다리의 발굽을 들고 발굽 안에 끼어있는 오물들을 발굽 파개를 이용하여 긁어내야 하는데 발굽파개를 사용 할 때에는 발목 부위 에서 발끝 방향으로 사용 하는 것이 좋습니다.

이제 큰솔(Dandy brush)을 사용 할 때인데, 솔질 방향은 말의 머리 부분에서 꼬리 부분으로 솔질을 하여야 합니다.
 큰솔은 뻣뻣하고 약간 딱딱 한 면을 이용하여 사용 하는데, 활발하게 손을 움직이며 털을 쓸어내듯 사용하면 좋습니다.
 큰솔의 사용으로 안장자리의 땀자국이나 말의 배 밑 부분의 진흙이 묻은 부위를 털고 구절 부분의 파인 부분을 털어내는데 유용하게 사용되기도 하는데 이렇게 딱딱하고 뻣뻣한 솔로 말의 예민한 부위를 손질할 때에는 많은 주의를 하여야 합니다.
 말의 뒷다리를 손질할 때 솔이 들려있지 않은 손으로 말의 꼬리를 잡고 손질하는 것이 좋은데 가끔 뒷다리로 차려는 것을 예방할 수도 있습니다.

 다음은, 몸통솔(Body brush)을 사용하여 몸의 전체를 솔질 합니다. 몸통솔은 부드러운 솔면을 이용하여 털의 결대로 작은 원을 그리듯 몸의 전체를 솔질하면 되며, 머리 부분도 사용될 수 있습니다.
 한손에 몸통솔, 다른 손에 글갱이(Curry comb)를 들고 몸통솔로 말의 몸을 4 - 5회 정도 솔질 하면 글갱이에 몸통 솔을 비벼 먼지나 오물들이 빠지도록 하여주면서 솔질을 계속 하고, 글갱이에 쌓이는 오물들은 땅바닥에 두드러서 오물을 제거 해주면 됩니다.

　말의 갈기털을 손질 할 때에는, 첫 번째로 말의 갈기털이 자라난 방향의 반대쪽 부분으로 갈기털을 옮겨 놓은 상태에서 목의 꼭대기로 부터 솔질을 하고, 정상적인 갈기털의 방향으로 옮겨놓고 가볍게 솔질 합니다. 갈기털을 솔질 할 때에는 털이 자라나는 부위를 먼저 솔질 하고 점차적으로 털의 끝부분으로 솔질을 합니다.

　말의 꼬리도 갈기털과 같은 방법으로 솔질 하는데, 꼬리의 한쪽을 손으로 잡고 (절대 말의 뒤쪽에서 잡지 않도록 하며) 흔들어 오물을 제거하고 조금씩 가닥을 잡고 오물을 털어 나가도록 하여야 합니다.
　꼬리의 시작 부분과 꼬리 끝 부분의 중간을 잘 잡고 엉클어진 부분을 풀어 주도록 하는 것이 좋습니다.

스폰지는 말의 눈 부위, 코, 입술 부위와 항문 부분을 깨끗하게 닦아주는데 사용됩니다. (스폰지는 운동을 하고난 후 안장 부위의 땀이 흐른 부분이나 굴레를 벗긴 후 얼굴의 땀을 닦는데도 사용되고 날씨가 더워 말의 체온이 많이 올라갔을 때 몸 전체를 목욕 시킬 때도 사용됩니다.)

땀훑치(Sweat scraper)는 몸에 묻어있는 물기를 털결 방향으로 사용하며 물기를 제거하는데 사용됩니다.

솔 끝이 부드러운 물솔(Water brush)은 물에 적신 후 물기를 어느 정도 없애고 말 갈기털의 끝마무리를 부드럽게 해주는데 사용되며, 물솔은 또 꼬리 부분과 다리부분도 끝마무리를 함께 할 수 있기도 합니다.

마지막으로 마른수건(Stable rubber)은 깨끗하게 솔질한 몸통의 털을 윤기 나고 반짝거리도록 하는데 사용되며 이렇게 말을 깨끗하게 솔질을 함으로써 안장과 굴레를 씌우고 승마를 할 수 있는 준비가 모두 끝난 상태가 되는 것입니다.

승마자가 말을 타기위해 굴레와 안장, 때로는 말팅겔(Martingale)과 함께 착용하게 되는데 이러한 도구를 마구(Tack)라고 합니다.

마구는 승마자의 저고리, 모자, 신발 등을 총칭하여 승마용 장구라고 불리는 것과 같습니다. 말에 사용되는 마구는 일정한 보관 장소에 보관을 하는데 이러한 보관 장소를 장구실(Tackroom)이라고 합니다.

굴레와 말팅겔은 말을 콘트롤하는 수단으로 사용이 되고, 안장은 말의 등에서 승마자가 쉽고 편하게 앉아 있을 수 있기 위해 만들어진 도구들 입니다.

굴레는 가죽으로 만들어져 있고 금속성의 재갈(Bit)이 연결되어 있습니다. 굴레는 말의 머리에 씌워지고 재갈은 말의 입속에 위치하게 되며, 승마자가 손으로 잡게 될 고삐는 재갈에 연결되어 사용되고 말의 잇몸에 자극되는 힘의 조절에 의해 고삐를 조종하며 승마를 하게 되는 것입니다.

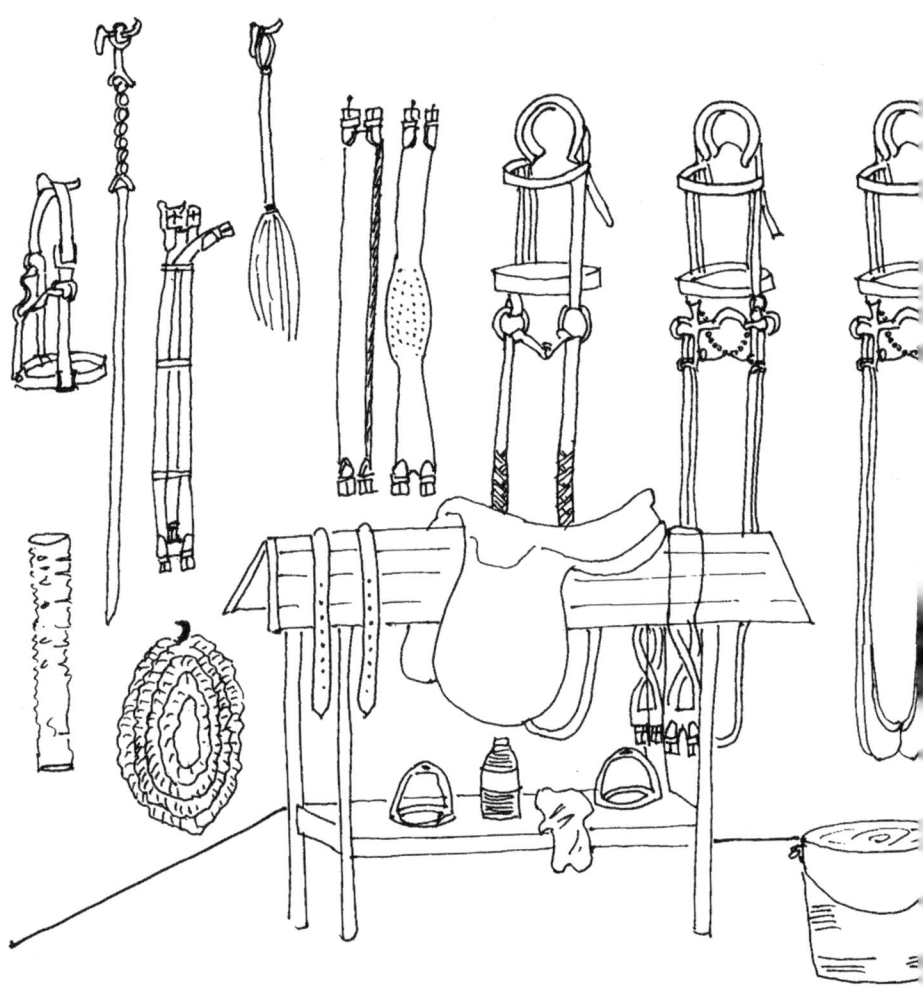

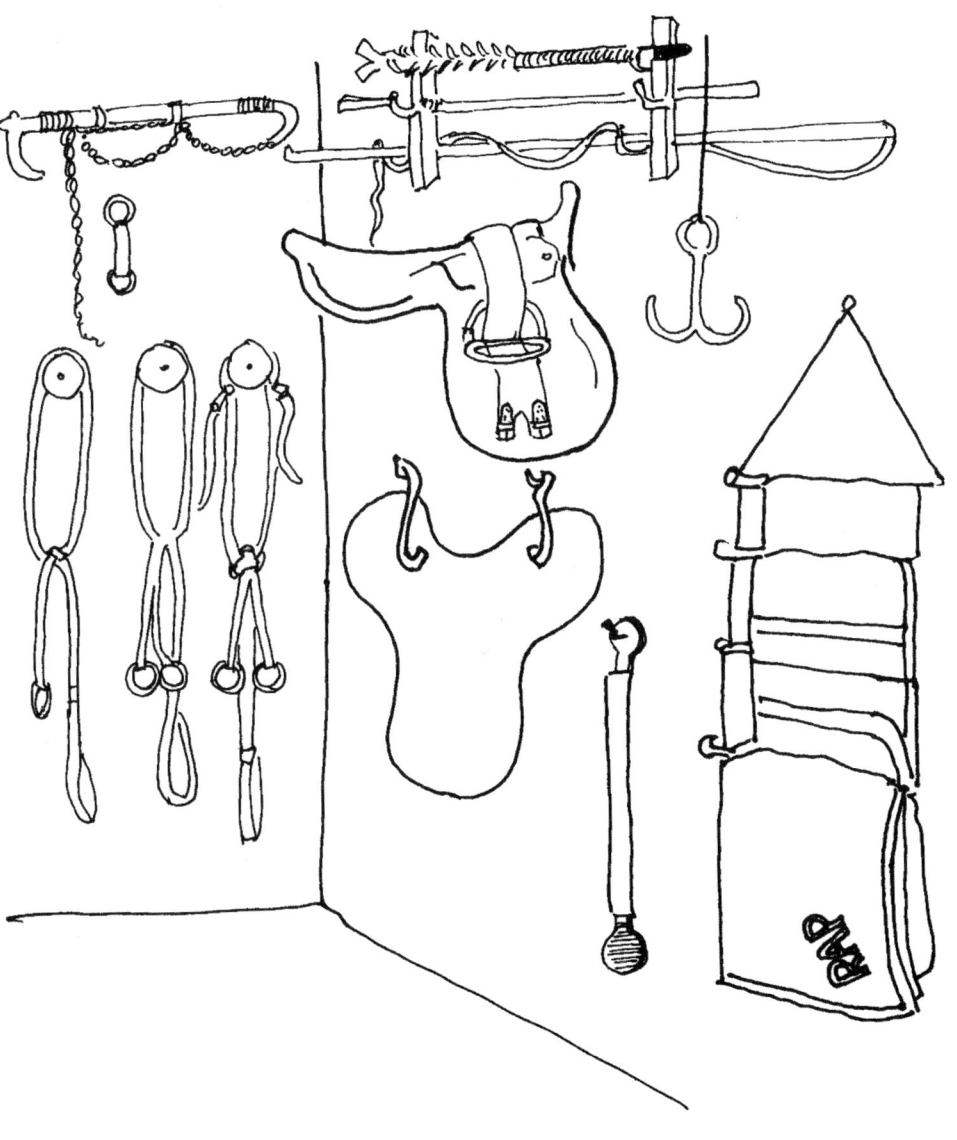

승마를 하기 위해 조작 되는 굴레(재갈)의 사용은 매우 중요합니다.
고삐로는 (앞으로는 고삐의 부조 -Aid- 라고 칭합니다) 말의 밸런스, 말의 속도와 방향 전환을 위해 사용되어집니다.
재갈을 연결한 상태에 따라 굴레 이름의 종류가 되고, 아래의 세 가지 그림은 승마를 할 때 가장 보편적으로 사용되어지는 굴레입니다.
각자 다른 재갈은 사용되어지는 목적도 다릅니다.

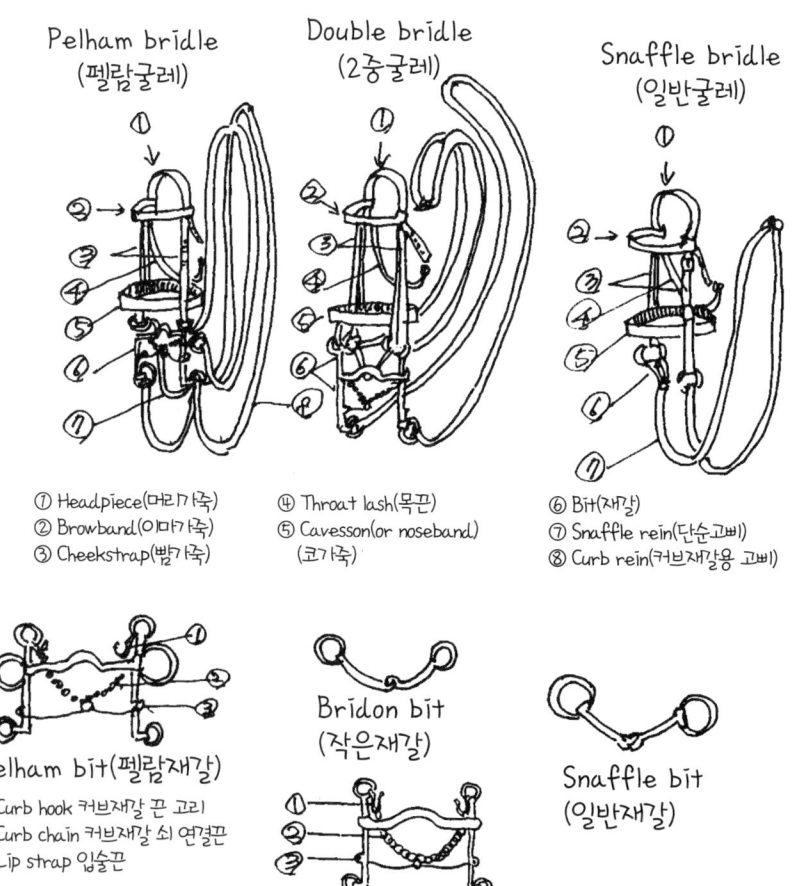

Pelham bridle (펠람굴레)
Double bridle (2중굴레)
Snaffle bridle (일반굴레)

① Headpiece(머리가죽)
② Browband(이마가죽)
③ Cheekstrap(빰가죽)
④ Throat lash(목끈)
⑤ Cavesson(or noseband) (코가죽)
⑥ Bit(재갈)
⑦ Snaffle rein(단순고삐)
⑧ Curb rein(커브재갈용 고삐)

Pelham bit(펠람재갈)
① Curb hook 커브재갈 끈 고리
② Curb chain 커브재갈 쇠 연결끈
③ Lip strap 입술끈

Bridon bit (작은재갈)

Snaffle bit (일반재갈)

굴레를 장구실(Tackroom)로부터 들고 갈 때에는 머리가죽이 승마자의 왼쪽 팔에 들려지게 하고 이마가죽이 승마자 쪽으로 향하게 합니다.

고삐는 양쪽의 길이가 균등하게 위치하도록 하고 땅바닥에 끌리지 않도록 주의하여야 합니다.

말에게 씌워진 마방굴레(Halter)의 고리를 조용히 풀어 말의 머리에서부터 벗기고 마방굴레의 끈으로 말의 목을 감싸고 있도록 합니다.

이렇게 하는 동안 말은 머리 부분에 굴레가 없어 자유롭게 된 것을 알지만 한동안 움직이지 않고 조용히 서있게 됩니다.

말의 왼쪽 머리 부분에 서서 고삐를 먼저 말의 머리 위로하여 씌운 다음, 오른손을 말의 턱 밑으로 지나가게 한 다음 반대 방향으로 올려 말의 얼굴 중앙부위(코 구멍의 윗부분)에 위치하게 하고, 굴레의 양쪽 뺨가죽의 중앙부위를 함께 잡도록 합니다.

말이 재갈을 거부하며 말 머리를 쳐들면(말은 자주 이런 행동을 합니다.), 말의 머리를 내리도록 합니다.

왼손의 엄지와 집게손가락으로 재갈을 펴게 하고 말의 이빨 부위를 조용하고 가볍게 접촉 시키면 대개의 말들은 자연스럽게 재갈을 입속으로 넣기 쉽게 입을 벌립니다. 만약 말이 재갈을 거부하면, 재갈이 위치하는 말의 입 부위를 손가락으로 가볍게 눌러 압박을 가하면 입을 벌리고 재갈을 받는데 재갈을 입속으로 넣기 위해 손가락이 말의 혀와 닿는 것은 전혀 위험하지 않으나 말의 앞 이빨 부위로 손가락이 닿는 것은 매우 위험한 결과가 되므로 조심 하여야 합니다.
　재갈을 말의 입으로 넣는 것을 왼손으로 하고, 오른손을 이용하여 뺨 끈 부위를 잡고 위로 올리면 되며, 이때 왼손은 고삐의 머리 가죽을 잡고 오른손의 할 일을 도와주며 머리가죽이 말의 양쪽 귀를 넘기는 것을 협조하면 됩니다. (말의 귀는 앞뒤로 구부려지는 것에 대해 아파하지 않습니다만, 조심성 있게 행동 하여야 합니다.) 그리고, 말의 머리가죽 밑에 있는 앞머리와 갈기털의 방향을 가지런히 하여주어야 합니다.
　다음은, 목 끈을 느슨하게 조절 하여주어야 하는데 목 끈을 너무 꽉 조이면 말의 호흡에 방해를 할 수 있기 때문입니다. 목 끈의 조이는 정도는 사람의 주먹이 목끈과 말의 턱뼈 사이를 통과할 수 있는 간격이면 충분합니다.

　굴레를 씌운 다음, 말의 정면에서 굴레가 올바르게 씌워 졌는지 확인 하는데, 이마 가죽은 똑바르게 위치하고 있는지(똑바르게 바로 잡는다고 이마 가죽을 조절하며 말의 귀가 꼬집혀 지지 않도록 하여야 함), 코 가죽이 말의 입과 뺨의 중심부분과의 중앙부분에 위치하고 있는지 등을 확인 하여야 합니다.
　이런 위치들이 굴레가 잘못 씌워져서 말의 뺨을 불필요하게 문지르게 하거나 말 입의 가장자리가 꼬집혀져 상처를 입지 않도록 하기위한 예방 차원의 확인도 되는 것입니다. 굴레를 씌우고 난 후 모든 점검을 할 때에는 각종 버클(Buckle)의 마무리를 확실히 하여 운동할 때 굴레 장식이 펄럭펄럭 하지 않도록 주의 하여야 합니다.(펄럭거리는 굴레 장식은 매우 지저분하게 느껴집니다.)

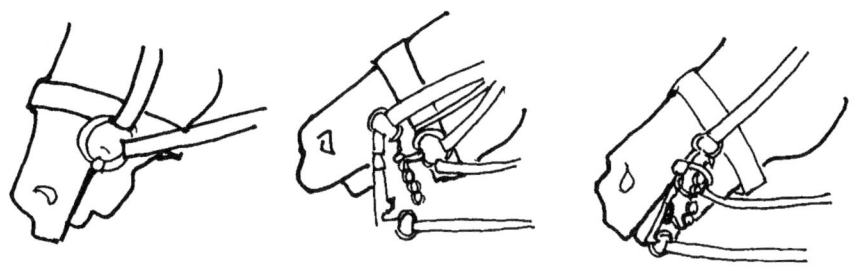

　단순재갈(Snaffle bit)은 말의 입가의 주름이 약간 생기게 하여주면 정확한 길이가 되고, 2중 재갈(Double bridle) 중에 큰 재갈 -조교를 위한 재갈-은 작은 재갈과 함께 사용되지만 작은 재갈의 약간 앞과 밑쪽에 위치하도록 하면 됩니다.
　펠람(Pelham)재갈 또한 말의 입가 주름이 약간 생기도록 하여주면 되고, 연결되어있는 고리줄(Curb chain)은 자연스럽게 턱밑의 주름을 따라 위치하도록 하여주면 됩니다.

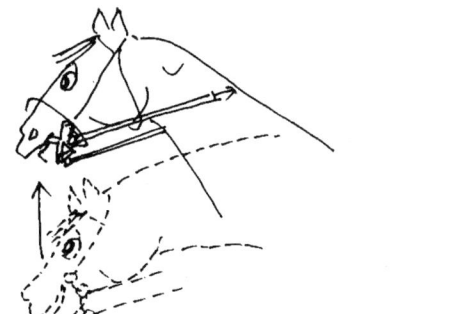 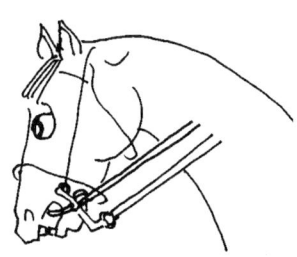

　단순재갈(Snaffle bit)은 말 입속의 잇몸 위와 입술의 양쪽 구석을 자극하여 말의 머리를 위로 올리게 하거나 좌우로 머리를 돌리게 하는 역할을 하게 됩니다.
　단순재갈이 아닌 2중재갈의 커브 재갈(Curb bit)은 오직 말 입의 잇몸을 자극하게 됩니다.(고리줄은 말 턱의 압박되는 자극이 약하고 강하게 자극하여 뿔이 긴 재갈이 지레 작용을 하도록 합니다.)
　커브 재갈은 말의 머리를 밑으로 내리도록 하여 유연하고 자연스러운 목의 운동을 하도록 하기위해 사용됩니다.(펠람 재갈의 소록재갈과 커브 재갈의 작용이 동시에 이루어지도록 하는 것은 바람직하지 않습니다.)

    때때로 말의 머리를 앞으로 내밀며 머리를 올리는 말들은 승마자가 조종하기 힘든 경우가 있는데 이때에는 말팅겔(Martingale)을 사용하면 말의 머리를 내리도록 조절할 수 있습니다.(말의 머리가 높고 말의 코를 하늘높이 쳐드는 이유는 재갈의 압박이 아프고 조심성 없는 승마자의 나쁜 버릇 때문입니다.)
    말팅겔을 운동 시에 사용 하려면 굴레를 씌우기전, 말의 어깨부위에 먼저 말팅겔을 장치하여야 합니다.

고정 말팅겔(Standing martingale)은 한쪽 끝이 코 가죽에 연결되고 다른 한쪽이 복대 끈에 연결 됩니다. 어떤 길이가 정확한지는 승마자가 반드시 확인 하여야 하는데 복대에 연결되어있는 끝에서 말의 턱밑 식도까지의 길이가 된다면 올바른 길이라 하겠습니다.

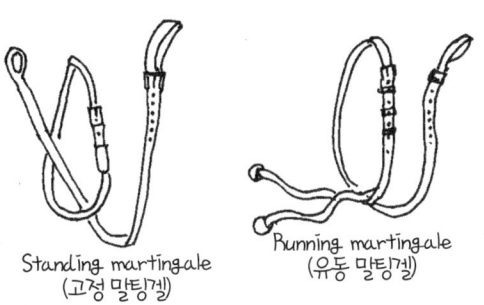

유동 말팅겔(Running martingale)도 역시 한쪽 끝이 복대에 연결되어지며 다른 한쪽은 두 갈래로 나뉘어진 끝에 부착 되어진 고리를 통과해서 고삐가 고리의 안으로 통과 되도록 연결되어집니다.

유동 말팅겔의 적절한 길이는 복대 끝에 연결되어진 부분부터 말의 등선마루까지의 길이가 되면 적합한 길이입니다.

말팅겔에 부착된 목끈은(Nackstrap) 장식 고리가 왼쪽으로 위치하도록 하고 헐렁하게 조이도록 하여야 합니다.

안장의 명칭

- Pommel(안장머리)
- Skirt(덮개)
- Waist(안장허리)
- Cantle(안장꼬리)
- Seat(앉는자리)
- Stirrup bar(등자끈 막대)
- Saddle flap(안장날개)
- Sursingle loop(등자끈 고리)
- Stirrup leather(등자끈)
- Stirrup iron(등자쇠)
- Saddle flap(안장날개)
- Panel(안장깔개)
- Girth guard(뱃대끈(복대끈) 보호대)
- Girth straps or Billets(뱃대끈(복대끈))
- Gullet(안장계곡, 안장골)
- Lining(part of panel)(안장안감)
- Girth guard(뱃대끈(복대끈) 보호대)
- Girth straps or Billets(뱃대끈(복대끈))
- Gullet(안장계곡, 안장골)
- Saddle flap(안장날개)

Stirrup Iron(등자쇠)

Stirrup leather(등자끈)

Folded girth (접힌 복대끈)

Balding girth (벗겨진 복대끈)

String girth (끈으로 꿴 복대끈)

Fitzwilliam girth (피츠윌리엄 복대끈)

이제 안장을 장치할 준비가 되었습니다.
안장을 장구실(Tack room)에서 꺼내어 승마자의 왼쪽 팔 위에 위치하게 한 다음, 안장머리가 승마자의 팔꿈치를 향하도록 하고, 오른손을 이용하여 안장꼬리 밑 부분을 잡도록 합니다.

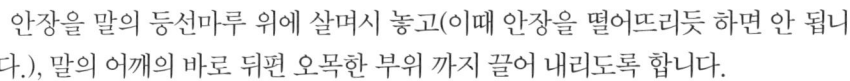

안장을 말의 등선마루 위에 살며시 놓고(이때 안장을 떨어뜨리듯 하면 안 됩니다.), 말의 어깨의 바로 뒤편 오목한 부위 까지 끌어 내리도록 합니다.
안장을 뒤로 끌어 내리는 것은 안장 아래 부분의 털이 자라나는 방향으로 가지런히 정리가 되기 위함이며, 만일 안장을 뒤쪽에서 앞쪽으로 끌어 올리면 털이 자라나는 방향의 반대 방향으로 되어, 털의 손상과 더불어 안장의 압박으로 인해 상처를 입을 수도 있기 때문입니다.
안장을 말에게 장치 할 때에는 말의 어깨에 영향이 미치지 않도록 충분한 여유를 주도록 하여 말의 걸음걸이에 방해가 되지 않도록 하여야 하며, 안장이 지나치게 앞쪽으로 위치하게 되면 말의 팔꿈치 부분이 복대 끈과 마찰이 되어 상처를 입을 수도 있습니다.

안장이 말의 등에 완전하게 장치가 끝났다면 안장날개가 구겨지지 않고 똑바르게 위치하고 있는지 살펴보아야 합니다. 안장의 좌, 우측 날개가 똑바로 펴져 있는지? 복대끈은 올바르게 조여져 있는지? 등을 자세히 관찰 하여야 합니다.
 만약, 말팅겔을 장치하여야 한다면 복대끈에 연결한 후 다시 복대끈을 조여야 하는데 이때 갑작스런 힘으로 한꺼번에 복대끈을 조이지 않도록 하고 한 구멍씩 조심스럽게 조여질수 있도록 신경을 써야합니다. -갑작스런 압박은 말에게 고통을 줍니다.
 복대끈을 조이고 승마자의 손가락이 3-4개 정도가 말의 배와 복대끈 사이로 움직일 수 있다면 안장은 어느 정도 견고하게 장치가 되었다고 볼수 있으며 말의 움직임에 불편을 주지는 않을 것입니다.

 승마자의 왼쪽 손가락 4개를 이용하여 안장날개 바로 밑 부분에서 말의 아랫배 쪽으로 조용히 미끄러지도록 하는 동안 말의 피부가 접혀져 있지 않고 알맞은 압박감이 있다면 정확하게 안장이 장치된 상태인데 접혀져 있는 부위가 있다면 말이 움직일 때(운동 시) 매우 불편하게 느끼며 이것 또한 상처를 입힐 수 있는 요인이 되기도 합니다.
 복대끈을 조일 때 일부 말들이 숨을 들이쉬고 멈추어 있을 때가 있습니다. 말이 자신의 배의 크기를 일상때 보다 크게 하여 복대를 조인 후에 편하기 위해서 인데, 말에 오르기 전에(승마) 말이 숨을 들이쉬고 멈추어 있을 때 복대를 조여서 나중에 너무 느슨하게 되어있지 않도록, 말이 숨을 내쉰 다음 조용히 복대끈을 조이도록 하여야 할 것입니다.

4. 승마(말에 오르기)와 하마(말에서 내려오기)법

  승마를 하기 위한 준비가 모두 끝나면 말의 목에 걸려있는 마방굴레를 벗깁니다.(마방굴레를 벗긴 후 마방굴레를 땅바닥에 버려두지 않고 고리에 묶어놓도록 합니다!)
  말을 끌고 갈 때 에는 말의 턱 아래 부분의 재갈 부위 에서부터 10㎝부위의 양쪽 고삐를 한손에 잡고 1분 - 2분가량 끌어 주도록 합니다.(말을 끌어주는 동안 안장이 말의 등에 자연스럽게 밀착이 되어 말이 불편하지 않게 해주기도 하고 복대를 조일 때 들어 마신 숨을 계속 힘을 주고 있을 수도 있기 때문입니다.)
  그런 다음, 승마자의 왼쪽 어깨가 말의 왼쪽 어깨에 가깝게 접근 되도록 하고, 왼쪽 팔을 이용하여 고삐를 정상적인 위치에 놓이도록 합니다.(승마자가 어느 조작을 하더라도 말은 항상 승마자에 의해서 복종 되어져야 합니다.)
  안장의 복대를 다시 한 번 확인하고 한 구멍 내지 두 구멍을 더 조여야 할지도 모르기 때문이며 안장이 정확하게 장치가 되어있지 않을 때에는 절대 승마를 하면 안됩니다.
  안장의 정확한 상태(복대의 조임 상태 등등)를 확인하지 않고 승마를 하게 되면 승마자가 말의 정상에 올라앉지 못하고 말의 아래에 거꾸로 매달려 있게 될 것입니다.

승마전에는 반드시 등자끈의 길이를 조절해야 하는 지혜가 필요한데, 사용하는 안장으로 전에 승마를 하였던 승마자의 다리 길이가 길거나 짧을 수 있기 때문입니다.

승마전에 등자끈의 길이를 조절하지 않고 승마를 할 경우 매우 거북하고 정확한 자세 유지가 곤란하게 됩니다.

승마자는 등자쇠가 안장에 안정되게 고정되어 있도록 하여 말을 끌고 갈때에 등자쇠가 말의 몸에 부딪치는 일이 없도록 하여야 합니다.

만약 등자쇠가 안정되게 고정되어 있지 않을 경우, 등자쇠가 말의 옆구리에 부딪칠 때에 머리를 들고 요동하는 난처한 경우를 당할지도 모릅니다.

이러한 경우를 당하지 않으려면 등자쇠를 등자끈의 맨 위로 끌어 올린다음 등자끈의 나머지를 등자쇠 구멍에 넣어 빼어주면 안정된 등자쇠의 위치가 됩니다.

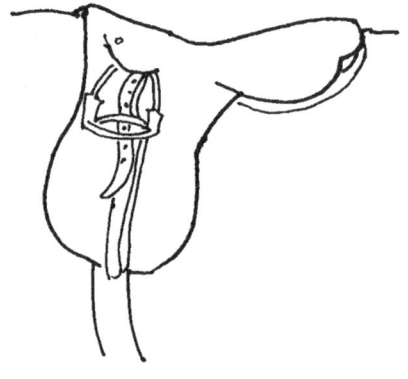

등자쇠가 안정되게 위치한 상태에서 등자끈을 등자쇠의 구멍에서 벗겨낸 다음 등자쇠를 왼쪽 손을 이용하여 등자끈의 끝까지 끌어내리고, 오른팔을 펴서 손가락이 등자쇠 고리에 닿을 때 까지 등자끈의 길이를 조절하는데, 오른팔을 편 상태로 등자쇠의 바닥이 겨드랑이에 닿으면 적절한 등자끈의 길이가 될 것입니다.

만약 정확한 길이로 조절이 되어 지지 않았더라도 위와 같은 방법으로 길이가 조절 되어 진다면 승마를 할 때 안정되고 편안한 자세 유지는 가능 할 것입니다.

승마를 한 후에 1~2 구멍의 등자끈 조절을 하여 정확한 등자 길이의 조정을 하여 주는 것을 잊어서는 안됩니다.

등자끈의 길이를 늘리고 줄일 때 등자끈의 고리쇠가 안장날개 중간 부위에 있을 때 용이하며, 등자끈의 길이를 조절한 후 반드시 등자끈의 고리쇠가 원위치에 있도록 하여 승마 시 승마자의 허벅지에 마찰이 가해져 상처를 입지 않도록 하여야 합니다.

안장을 중심으로 다른쪽 등자끈도 같은 방법으로 길이를 조절하고 말의 왼쪽 어깨 쪽에 나란히 서서 말의 허리 쪽을 바라보도록 위치한 다음 복대끈과 등자끈을 최종적으로 점검하면 승마의 준비 동작은 완료가 됩니다.

다음 단계는, 고삐를 적절하게 잡고 승마를 하는 동작을 취할때 말을 충분히 조종 할 수 있도록 하는데 승마자가 고삐를 정확하게 잡고 있지 못할 때 에는 말이 움직여서 경험이 적은 승마자 에게는 위험한 결과를 낳을 수도 있기 때문에 주의를 할 필요가 있습니다.

승마를 하기위한 정확한 고삐의 조작은 왼손으로 고삐를 아래 그림과 같이 잡고 고삐를 잡은 왼손이 가벼운 연결을 하여 말의 등선마루위에 위치하도록 하는데 승마자의 느낌이 말의 입과 연결이 된듯하게 잡으면 됩니다. (승마자는 승마 동작시의 고삐의 연결 상태를 승마 시 에도 시종일관 유지하도록 노력 하여야 합니다.)

왼손에 잡고 있는 고삐의 연결 상태에서 가볍게 잡아당기면 말이 걸음을 옮기려고 하는 상태를 제압할 수 있는데 고삐의 좌우 길이가 다를 경우 고삐가 짧은 쪽으로 원을 그리며 회전을 하려고 할 것입니다.

고삐의 길이가 같은 상태에서 말이 목을 돌려 승마자에게 장난을 하려고 하는 경우가 있는데 오른쪽 고삐를 왼쪽 고삐보다 약간 짧게 잡아 사전에 이러한 행동을 예방할 수 있습니다.

고삐의 길이를 양쪽 모두 균등하게 잡는 것은 그리 어려운 일은 아닙니다. 고삐의 끝 부분은 연결 고리쇠가 있어 고리쇠를 중심으로 양쪽 고삐가 같은 상태로 잡으면 되기 때문입니다.

고삐의 끝에 붙어있는 고리쇠를 오른손으로 잡고 고삐를 말의 입과 가볍게 연결이 되도록 일직선으로 편 다음, 왼손으로 말의 등선마루 윗부분의 고삐를 잡습니다.

이때에 손에 들어오는 감각이 말의 입에 물려있는 재갈에 가볍게 연결되어진 것 같은 느낌이 들면 양족의 고삐의 길이 또한 균등하게 위치한다고 볼 수 있습니다.

왼손에 잡고 있는 고삐의 나머지 부분은 말의 오른쪽으로 넘겨 승마 시 방해가 되지 않도록 하는 것이 좋습니다.

말의 등선마루에 자라있는 갈기털은 승마할 때 승마자의 왼손으로 고삐와 함께 잡고 의지하는데 사용됩니다. 갈기털을 잡아당기는 것은 말에게 고통이 아니며 어린 강아지를 들어 올릴 때 목덜미 부위를 잡고 올리는 것과 같습니다.

승마 동작 시 왼손으로 안장머리를 잡는 것은 좋지 못하며 말의 등이 평평한 말은 승마시 안장이 돌아가는 상황이 될 수도 있으므로 갈기털을 의지하고 승마를 하는 것이 좋겠습니다.

등자쇠를 오른손으로 잡고, 등자쇠의 구멍이 승마자쪽으로 향하게 한 다음, 왼발을 들어 등자쇠의 구멍에 넣고, 승마자의 키가 작고 큰가에 따라 다르겠지만, 몸을 움직여 오른손으로 안장꼬리 부위를 잡으면 승마 시 많은 도움이 됩니다.

승마자의 왼쪽 발이 말의 겨드랑이 쪽으로 향하게 하고 오른발의 발구름 동작을 이용하며 말에 오릅니다.

오른발은 말의 엉덩이 위로 크게 원을 그리듯이 하며, 이때 말의 엉덩이를 오른발로 건드리지 않도록 하여야 하고, 안장 꼬리를 잡고 있던 오른손은 안장의 앞쪽을 잡는 것을 다리와 함께 동시에 이루어지도록 합니다.

 안장에 앉을 때는 안장에 "쿵"하며 앉지 않도록 하고 승마자의 몸무게를 조용히 안장에 올려놓듯 살며시 앉도록 하여야 합니다.
 안장에 앉게 되면 오른발을 조심스럽게 이동하여 등자쇠를 끼우도록 합니다.
 이렇게 되면 승마를 완전하게 끝마친 상태로서 양쪽 등자끈의 길이가 적당한지 살펴보도록 합니다.

 승마 시 말이 파리를 쫓는다고 차는 경우가 간혹 있는데 조심하지 않으면 다칠 수도 있습니다. 만약 말이 사람을 고의로 차려고 마음을 먹는다면 절대 실수하는 일은 없을 것 인데, 파리를 쫓기 위해 차는 것은 고의가 아니므로 말을 징계해선 안됩니다.

만약 승마 동작 시 말이 움직이면 말의 왼쪽에 발이 매달린 상태로 끌려 갈수도 있으며 심하게 부상을 입을 수도 있습니다. 이러한 불상사는 없어야 하겠고 이러한 부주의가 없도록 하여야 합니다.

만약, 이런 위치에서 승마를 한다면 말의 뒷발로 차려는 동작으로부터 안전하게 대처하여야 합니다.

이런 위치에서는 말이 조금씩 앞으로 움직이더라도 승마자는 안장에 올라앉도록 합니다.

하마할 준비가 되었으면 고삐를 왼손에 모아 쥐고 말의 등선마루 부위에 놓고 오른손은 안장의 앞부분을 잡습니다.(이때 손가락을 안장머리 밑으로 넣지 말 것! - 안장에 눌려 손가락이 다칠지도 모릅니다.) 오른쪽 발을 등자에서 빼고, 등선마루와 안장머리를 잡고 있는 팔에 약간의 힘을 주어 체중을 싣고 오른쪽 다리를 들어 올려 넘겨서 왼쪽다리 옆으로 오게 합니다.

승마자의 오른쪽 다리가 말의 엉덩이를 건드리지 않고 넘겨지면 안장 머리를 잡고 있던 오른쪽 손을 안장의 뒷부분을 잡아 체중을 지탱 합니다.

이제는 등자쇠로 부터 왼쪽 발을 뺄 수 있을 만큼만 팔에 힘을 주어 몸을 들어 올리고, 땅으로 미끄러지듯 내려오는데 몸을 안장에 가깝게 붙이고 양발을 모아 균형을 잃지 않고 내려오도록 합니다.

하마를 하면, 말의 꼬리 쪽을 향해 서서 왼손에 잡았던 고삐를 팔에 가볍게 걸치고 등자쇠를 끈 위로 올립니다. 그리고 나서 반대편으로 가서 오른쪽 등자쇠도 올려줍니다.

다시 왼쪽으로 돌아와서 오른손에 고삐를 모아 쥐고 말의 머리 옆쪽에 서서 말을 잡습니다.

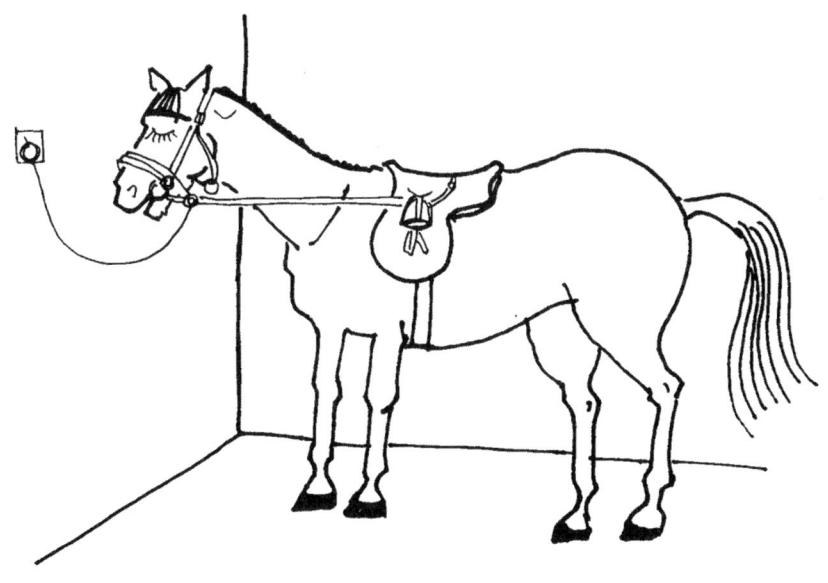

  만약 말을 다시 타려거나 잠시 말을 묶어두고 싶을 때에는 마방굴레를 굴레 위에 씌우고 마방굴레에 끈을 달아 묶어둡니다.
  절대로 재갈에 걸고 묶어두지 말 것! 만약 입안에 있는 재갈에 묶인 끈이 당겨져 말이 불안함을 느끼게 되면 말은 스스로 그 불편함을 없애기 위해 뒷걸음을 치거나 굴레를 끊어 버리려고 시도 할 런지도 모릅니다.(이런 일이 일어나는 것은 아무도 바라지 않겠지만 값비싼 마구류의 일부에 손상을 입히게 되고 말 또한 놓치게 될 수 있습니다.)
  마구류를 장착한 상태에서 말을 묶어둘 때에는 안장의 중앙부위에 고삐의 중앙 매듭부분이 오도록 놓고 왼쪽 고삐를 올려진 등자쇠 밑으로 끼워 넣습니다. 이렇게 하면 말이 고개를 숙였을 때 고삐가 미끄러져 내려가는 것을 막을 수 있습니다.

만약 고삐가 느슨하게 풀어지면 말의 앞다리에 엉킬 수 있고 말의 자유로워지려는 욕구에 의해 끊어지게 될 수도 있습니다.

마구류를 말에게서 부터 완전히 제거하기 위해서는 말의 왼쪽 어깨 부분에서 꼬리부분을 향해 서서 복대를 풀어줍니다.

마팅겔을 하고 있을 경우 복대끈을 조용히 내려 마팅겔 고리로 부터 복대를 빼내도록 합니다.

그런 다음 말의 앞쪽을 지나 반대편으로 가서 복대를 안장 위로 접어 올리는데 말아 올린 등자쇠의 중앙 부위를 통과해 지나가도록 합니다. 이렇게 하면 안장을 내리거나 안장실로 옮기는 동안 복대가 흘러내리지 않게 됩니다.

다시 말의 왼쪽으로 가서 왼쪽 손은 안장의 앞부분을, 오른쪽 손은 안장의 뒷부분을 잡고 안장을 들어 올려 몸 쪽으로 가져갑니다.

안장을 완전히 들어 올려 떼어내는 대신 말의 등뼈를 가로질러 끌어 내리지 말 것! 그렇게 한다면 말에게 심한 고통을 주게 됩니다.

안장을 가져 왔을 때와 마찬가지 방법으로 장구실로 안장을 다시 가져가서 안장의 앞부분이 벽 쪽을 향하게 하여 안장 자리에 올려놓습니다.

굴레를 벗기기 위해 고삐를 말의 귀 뒤에서 앞쪽으로 가져가고(말팅겔을 했을 경우 목에 걸린 부분이 있으면 그것도 함께) 마방굴레를 풀어 말목에 겁니다. 말의 왼쪽 목 근처에 서서 앞쪽을 보며 고삐, 마팅겔, 굴레의 머리끈을 왼쪽 손의 엄지손가락 밑으로 걸고 앞쪽으로 밀어내어 귀를 주의하며 벗깁니다. 왼손으로 머리끈을 잡고 있는 동안 말이 재갈을 뱉어 내도록 합니다.(말 스스로 입을 벌려 재갈을 뱉어내는 것이 중요하므로 억지로 당겨서 **빼내려 하지 말 것!**)

고삐의 머리 가죽을 잡고 고삐의 이마끈을 몸 쪽으로 하여 왼쪽 팔에 굴레를 걸치고 말팅겔과 고삐를 순차적으로 걸면 장구실로 갈 준비가 된 것입니다.

이제는 양손에 잡은 것이 아무것도 없으므로 마방 굴레를 벗기면 됩니다.

굴레는 이마 끈이 벽과 반대편을 향하도록 걸어야 합니다.

비록 마구류를 사용한 후에 완벽하게 깨끗하게 할 수는 없더라도 이 부분(복대 끈)은 항상 깨끗하게 하여야 합니다.

복대와 안장의 아래 부분은 땀, 흙, 말 털을 없애기 위해 반드시 스폰지로 닦아주고 재갈은 물이담긴 양동이에 넣어 헹군 뒤 깨끗하게 닦아주어야 합니다.

말에게는 절대 더러운 안장, 복대, 굴레를 사용하지 않습니다.

깨끗하게 정돈되지 않거나 오물이 딱딱하게 굳어진 것들은 그것이 닿는 부위에 고통을 주게 됩니다.

말을 방목장에 풀어 놓을 때 에는 항상 말 머리를 문 쪽으로 돌린 상태로 사람이 방목장에 한걸음 정도 들어가 있는 상태에서 말을 풀어 주도록 합니다.

이렇게 하면 말이 자유가 된다는 기쁨에 뒷다리를 들어 올려 찬다 해도 절대로 차이는 사고는 없을 것 입니다.(말을 풀이 있는 방목장에 풀어주면 그것은 학생이 학교를 쉴 때와 같은 느낌을 갖게 되는 것입니다.)

만약 말을 방목장이 아닌 마구간으로 다시 데려 간다면 말을 끌고 마구간 문을 통과 할 때 조심해야 합니다.

문을 완전히 열고 말의 엉덩이가 문에 걸려 치고 지나가지 않도록 잘 살피면서 말 몸을 똑바로 하여 통과하도록 매우 주의하여야 합니다.

마구간에 들어간 후에는 말을 바로 풀어주고 말의 뒷다리 쪽으로 가지 않도록 합니다.

어떤 이유에서든지(다시 자유가 되기 때문에 즐거워 할 수도 있고, 옆 마구간에 있는 말을 위협하려 하고 싶어 할 수도 있기 때문에) 말은 갑자기 뒷발질을 할 수 있습니다.

항상 말을 마구간으로 끌고 들어가 마구간의 왼쪽으로 완전히 돌려 세우고 문 쪽에 다시 섭니다.

말의 머리가 사람 쪽으로 향해 있을 때 말의 뒷발굽은 안전하게 멀리 떨어져 있게 되고, 마구간에서 빨리 빠져나갈 수 있는 위치에 있으며 문을 닫을 수도 있는 위치가 되기 때문이고. 그러면 마구간에 말을 풀어 놓는 동안 사고로든지 혹은 의도적으로든지 말에게 차이는 일은 없게 됩니다.

5. 말 위에서의 승마자세

앞서 마체의 모든 부분에 대해 설명 한 것으로 여러분은 말이 어떻게 균형을 잡아 움직이고 또 유지 하는가를 이해할 수 있을 것입니다.

이제는 승마자가 자신의 몸의 각 부분의 명칭을 정확하게 아는 것이 필요합니다.

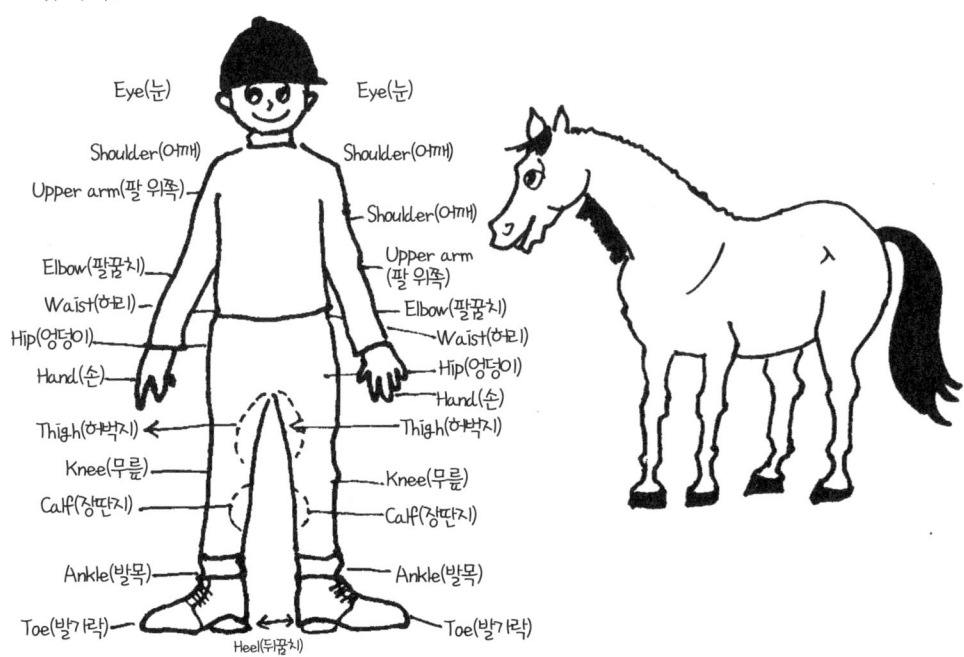

말을 통제 하면서 어떻게 몸을 사용하고 안장에 앉을 수 있는가의 문제는 매우 중요합니다. 그것은 올바른 자세에서 신체의 정확한 부위를 알고 승마자가 필요로 할 때 적절한 부분을 사용하거나 옮기는 것을 말합니다.

승마자가 안장에 올바르게 앉아 자세를 잡으려고 노력 한다면 말도 편안함을 느끼게 될 것입니다.

승마를 처음 시작할 때 간혹 떨어지지 않기 위한 최선의 방법으로 손으로 무엇인가를 잡는다거나(안장의 앞부분, 고삐 혹은 말, 갈기, 털 등)혹은 다리로 말배를 꽉 감싸야 한다고 생각하는 사람들이 있는데 이것은 옳지 않습니다.

그것으로는 말 위에 붙어있지 못할 뿐 아니라 분명히 피해가 막심 하리라는 것을 경험 할 수 있을 것 입니다.

승마자의 어떤 신체 부위도 말의 어느 부분에나 매달려 있는 것으로는 말 등위에 오래 머물 수는 없을 것 입니다.

서있거나, 걷거나 혹은 뛰어갈 때 말에서 떨어지지 않으려고 어떠한 것에도 매달리지 않도록 하여야 하며, 오직 균형을 잡기위해 필요하다면 체중중심의 변화를 줘가면서 신체를 이용한 정확한 위치를 유지 하여야 합니다.

말을 탈 때도 말 등에서 균형을 잡기위해 이와 똑같은 것을 하게 될 것이며 신체를 이용한 위치를 잡는 것만이 말 등에서 균형을 유지하며 고정시켜줄 것입니다.

말에게 항상 매달려 있을 수 있는 부분이 오직 한군데 있습니다. 허벅지의 안쪽 근육들이 그것으로, 안장에는 항상 밀착이 되어 있어야 하고 승마자의 안전을 유지하기 위해 필요할 때 단단하게 안장에 밀착 할 수도 있습니다.

이 부분을 기좌(Seat)라고 부릅니다.

허벅지를 호두까기처럼 항상 꽉 쥐어짤 필요는 없지만(그렇게 하면 매우 빨리 지치게 됩니다.) 항상 적합한 위치에 자리 잡는 것을 유지하여 필요할 때는 언제든지 재빨리 조여질 수 있도록 합니다.

처음 말위에 오르면 허벅지에 체중을 싣고 안장의 가장 깊은 부위에 앉습니다. 흔들리는 의자에 앉듯이 어깨를 뒤로하고 척추의 끝부분에 체중이 실리도록 하여 안장에 앉지 마세요!

그렇게 하면 승마자는 완전히 균형에서 벗어나게 되고 말도 매우 불편해 하게 됩니다.

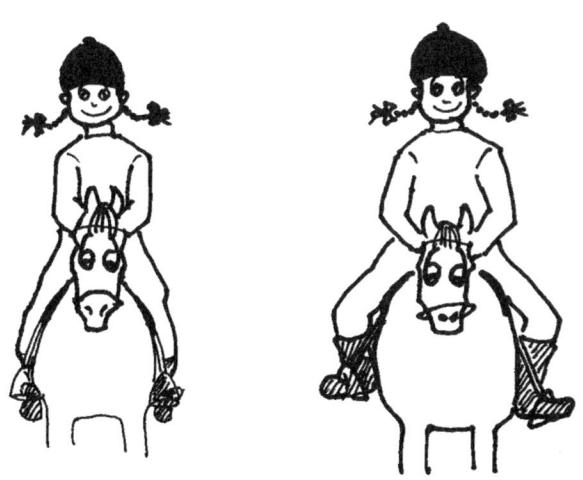

무릎은 말의 어깨 쪽을 향하도록 하여 안장날개에 붙어 있어야 합니다.
만약 무릎이 안장에서 떨어져 있다면 허벅지 또한 떨어지게 되고 이는 재빨리 무릎을 밀착할 수 있는 적합한 자세가 아닙니다.

　무릎 아래로 길게 내려진 다리는 말을 통제하는데 사용할 수 있도록 자연스럽게 위치하고 이러한 자세로 말을 조종할 수 있습니다.
　다리의 부조를 쓰지 않을 때에는 승마자의 발은 즉시 무릎의 아래에 위치하게 하여 등자끈이 직선으로 내려져 있도록 합니다.

　만약 발이 무릎보다 앞이나 뒤쪽에 놓이게 되면 땅 위에서 양발을 무릎보다 앞쪽이나 뒤쪽으로 앉는 것처럼 비슷한 거리에 두고 서는 것을 시도할 때와 마찬가지로 말 등위에서도 균형을 잃게 된다는 것을 알게 될 것입니다.

그러므로 다리를 이렇게도 하지 말고……

또한 이렇게도 하면 안됩니다.

발바닥으로 등자를 밟아 내리는데 발의 바깥쪽보다 안쪽에 더 체중이 실리도록 하고, 뒤꿈치는 발가락보다 더 낮아야 합니다.

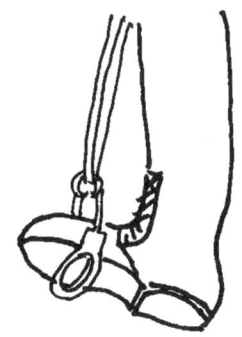

체중이 발바닥의 바깥쪽에 실리게 되면 허벅지가 안장에서 떨어지게 됩니다.

뒤꿈치가 올라가고 발가락이 내려가면; 다이빙하는 자세가 되면서 더 이상 말 등에서 아무것도 할 수 없게 됩니다.

발목 관절은 아주 좋은 완충기 역할을 할 수 있습니다.
발목 관절이 부드럽게 위치하고 있다면 동작의 움직임을 흡수하며 승마 자세가 계속 유지 되지만, 그렇지 않으면 말 등위에서 이곳저곳으로 텅텅 튕기게 될 것입니다.
앞꿈치가 아래로 많이 내려가고 뒤꿈치가 당겨 올라가게 되면 이러한 스프링 작용이 잠기게 되어 모든 움직임이 승마자가 원치 않는 위쪽 방향으로 쏠리게 되며 승마자는 이러한 동작을 원치는 않을 것 입니다.

머리는 바르게 들고 시선은 말의 두 귀 사이를 통해 정면을 바라봅니다.
 상체는 땅 위에서 있을 때와 같이 똑바로 세웁니다. 어찌되었건 등은 약간 오목한 상태로 되는데 그 이유는 승마자의 체중이 허벅지에 실리게 될 것이기 때문입니다. 어깨는 사각을 이루고 가슴은 활짝 폅니다. -동상처럼 딱딱하게 세우는 것은 아니지만- 밀가루 부대를 짊어진 것처럼 상체를 숙이는 것 또한 아닙니다.

 어깨 바로 밑의 팔(상박)은 자연스럽게 상체에 붙여 늘어뜨립니다.(팔꿈치를 벌려 새의 날개처럼 펄럭거리지 않도록 합니다.) 팔꿈치에서 부터 손에 잡고 있는 고삐는 측면에서 봤을 때 팔꿈치에서 재갈에 이르는 선이
일직선을 이루어야 합니다.
 양 주먹을 모아 엄지손톱이 자연스럽게 서로 마주 보도록 잡아줍니다; 고삐는 안장의 앞부분에서 말 등선마루 위에 오도록 하여 낮추어 잡습니다.

단지 단순고삐만 잡을 경우 네 손가락으로 잡을 수 있는데, 고삐는 새끼손가락 아래로 통과되어 엄지손가락과 집게손가락 사이에서 꼭 잡아주는 것으로 올바른 길이가 유지될 수 있습니다.

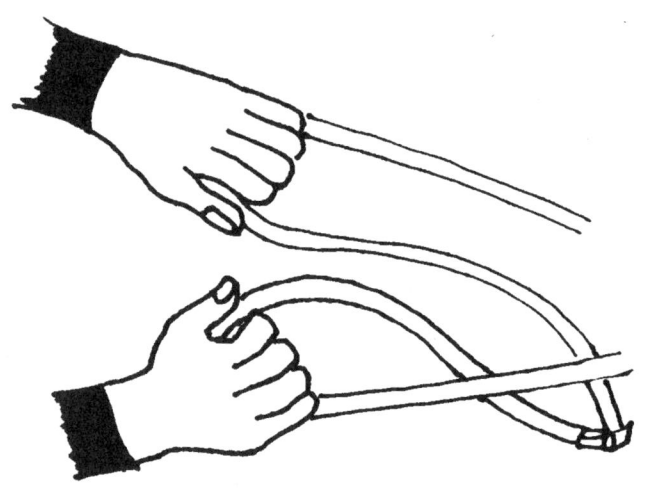

어떤 사람들은 새끼손가락과 네 번째 손가락 사이로 고삐를 잡는 것을 선호하는데 그밖에 다른 것은 모두 똑같습니다.

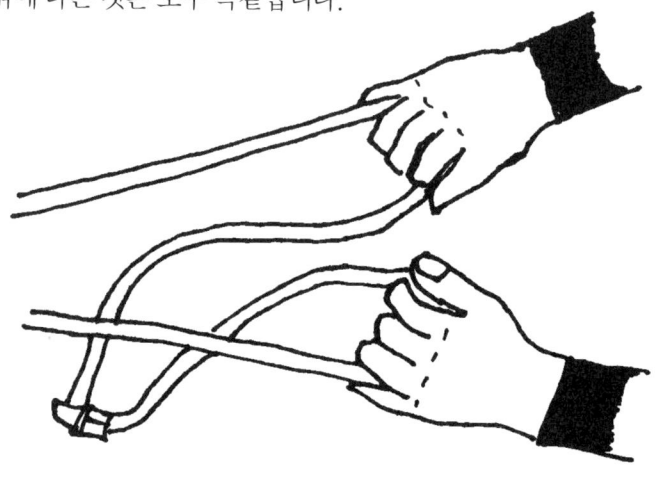

만약 굴레가 단순고삐와 2중 고삐로 이루어져 있다면, 단순고삐는 보통 고삐를 잡을 때와 같은 방법으로 잡습니다. 그리고 나서 2중 고삐는 새끼 손가락과 네 번째 손가락 사이로 지나가도록 하고 나머지는 단순고삐와 함께 엄지손가락으로 잡아줍니다.

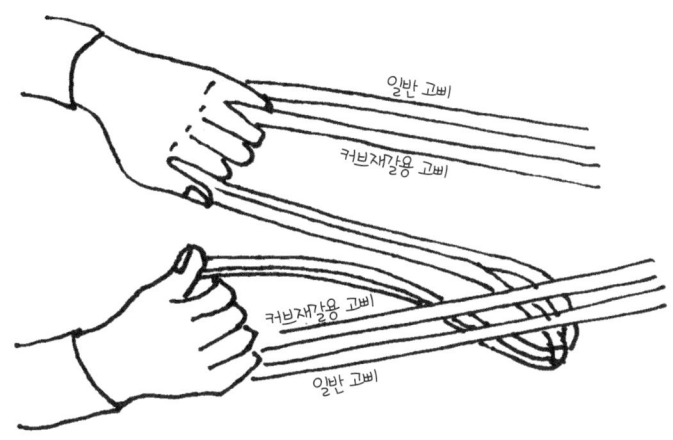

고삐 짧게잡기:

왼쪽 고삐를 짧게 잡기 위해서는 왼쪽 손의 엄지손가락을 살짝 벌리고 오른쪽 엄지손가락과 집게손가락 사이로 왼쪽 고삐의 끝부분을 잡습니다. 그리고 나서 원하는 길이만큼 왼쪽 손으로부터 고삐를 살짝 미끄러뜨리고 오른손으로 그 길이만큼 잡아 줍니다.

오른쪽 고삐를 짧게 잡기 위해서는 이 절차를 반대로 실시합니다.

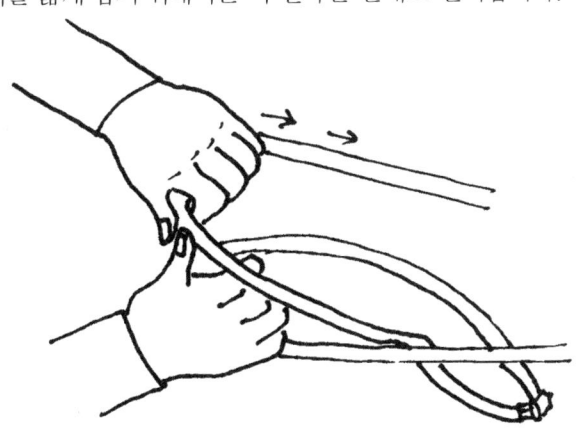

양배추 머리가 되지 마십시오!
아래를 내려다보지 말고 ……
앞을 보십시오!

어깨가 힘없이 늘어진 버드나무같이 되지 마십시오!
털썩 주저앉지 말고 ……
똑바로 앉으십시오!

연주회의 피아노 연주자가 되지 마십시오!
손을 팔꿈치 위로 올리지 말고 ……
손은 얌전히 내리십시오!

날개 짓 하는 닭 같은 모습이 되지 마십시오!
팔꿈치를 벌리지 말고 ……
팔꿈치를 모으십시오!

악단의 지휘자가 되지 마십시오!
양손을 분리시키지 말고 ……
양손을 함께 모아 주십시오!

메뚜기같이 납작 엎드리지 마십시오!
발이 승마자의 중심에서 너무 뒤로 나가있지 않도록 ……
무릎 아래에 발이 놓이도록 하십시오!

개구리가 되지 마십시오!
허벅지를 안장에서 떨어뜨리지 말고 ……
허벅지를 안장에 밀착 시키십시오!

발레리나가 되지 마십시오.
앞꿈치를 아래로 꺾어 내리지 말고……
뒤꿈치보다 앞꿈치가 더 높도록 하십시오!(뒤꿈치를 내리세요!)

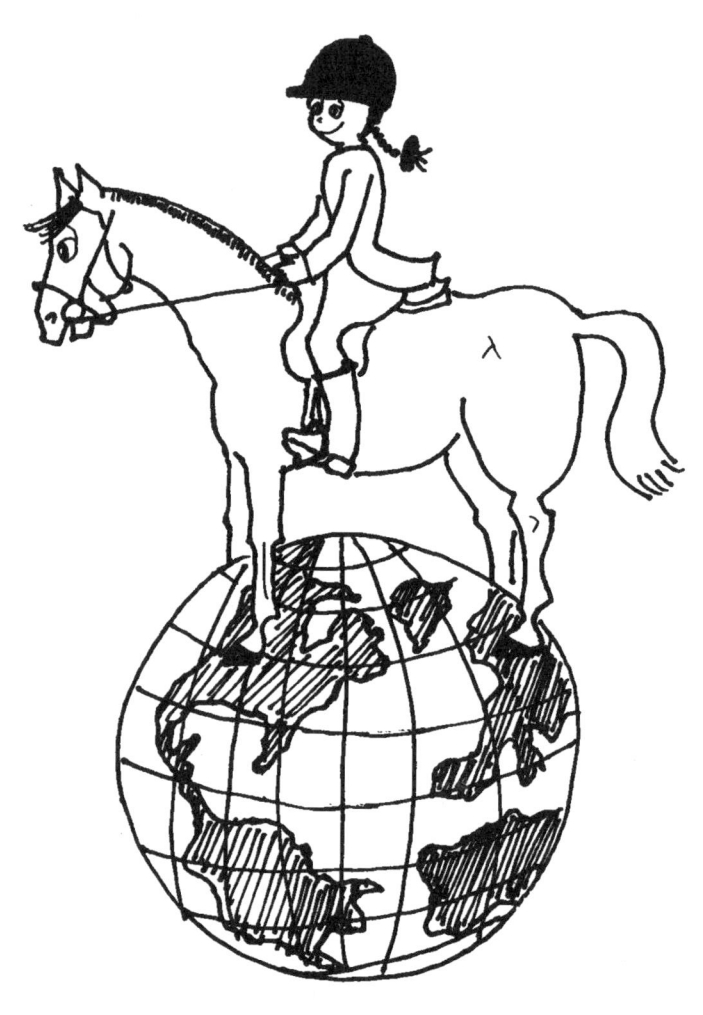

만약 승마자가 말 등위에 똑바로 앉아 있다면 승마자의 중심의 중앙이 말 중심의 중앙에 바로 오게 될 것입니다. 이런 자세에 있을 때 말과 승마자가 완벽한 균형을 맞추게 됩니다.

6. 말은 어떻게 움직이는가?

 이제 여러분은 말 등에 바르게 앉아있게 된다면 말을 확실하게 조종하기 위해 어떻게 해야 하는지를 알고 싶어 할 것이고, 말 자신이 하고 싶어 하는 것을 하지 않고 승마자가 원하는 운동을 하게 됩니다.

 승마자의 말에 대한 통제는 자신에게도 편하고 말에게도 유쾌함을 줄 수 있습니다. 말은 결코 적수가 아닙니다. 어떤 이는 마치 권투선수와 스파링 하듯 무력과 징계에 의해 말을 정복하려고 합니다.

 그보다는 승마자가 말을 춤 상대가 되듯 대한다면 승마자의 올바른 안내에 기꺼이 따라가려 할 것입니다.

어쨌거나, 승마자가 정확한 조종을 하는 것이 중요한데 말이 승마자의 여러 가지 복합적인(정확치 않으면서) 조종에 혼동이 되지 않도록 하는 것이 무엇보다 중요합니다. 승마자의 올바른 지시와 도움이 주어지면 말은 그에 잘 반응하면서 협력적이 될 것 이고, 말과 승마자는 서로 운동을 즐기면서 좋은 친구가 될 것이지만, 말에게 요구 하는 바를 정확하게 이해시키지 못하거나 혹은 거칠고 서투른 방법으로 유도 한다면 말은 정확하게 승마자가 했던 똑같은 조건으로 반항할 것입니다.

우선 말 자신이 하고 싶은 대로 하고 어떠한 방법으로든지 자신이 귀찮아함을 보여줄 것입니다. 하지만 승마자가 말이 어떻게 해서 움직이고 승마자 또한 자신의 신체를 어떻게 해야 하는가를 알게 된다면 말과 승마자가 서로 사이좋게 잘 지내게 되는 것은 그리 어렵지 않을 것입니다.

말은 엉덩이부분에 자동차의 엔진과 같은 발전기를 갖고 있습니다.

말의 모든 추진력은(이것은 말의 모든 체력과 기력을 뜻함) 말의 엉덩이로부터 나옵니다.

말은 중심을 잡기위해 앞다리를 사용하며 머리와 목을 다른 위치에 놓거나, 필요에 따라 자유롭게 움직이는 것으로 말은 자신의 균형을 확실히 유지할 수 있습니다.

 만약 말이 뒷다리로 서서 옆에서 함께 걸어갈 수 있다면 이것을 아주 쉽게 이해할 수 있을 것인데 말도 사람의 몸과 같은 방법으로 움직이는 것을 발견할 수 있습니다
 사람 또한 자신의 원동력이 엉덩이 아래쪽에 위치 한다는 것을 주의해야 하고(밀치고 나아가는 힘) 상체로는 완전한 균형을 유지하기 위해 위치를 바꾸는 것을 알 수 있습니다.
 승마자가 말 등에 앉아 있을 때 승마자의 상체가 말의 앞다리와 함께 움직이는 동안, 승마자의 엉덩이는 말의 엉덩이와 함께 움직이게 됩니다.
 말을 처음 탈때는 말과 함께 움직이는 방법, 말의 자연적인 균형을 유지하기 위한 움직임을 방해하지 않는 것을 배워야만 합니다.
 좀 더 숙련이 된 후에는 필요하다면 말의 균형을 향상 시키는데 도움을 주는 방법을 배우게 될 것입니다.

부조/신호

주먹

말을 타면서 승마자가 자신의 신체를 이용하여 말을 통제 하는 것을 자연부조 (Natural aids)라고 부릅니다.

이러한 부조에는 네 가지가 있는데 그것들은 다음과 같습니다.

다리

주먹(Hands)
다리(Legs)
체중(Weight)
음성(Voice)

체중

말을 탈 때는 언제나 말에게 무엇인가를 요구하는 모든 것에서 어떤 방식으로든 주먹과 다리, 체중 부조를 항상 사용하게 될 것입니다.

음성

음성 부조는 어떤 순간에는 매우 도움이 됩니다. 중요 한 것은 모든 부조가 동시에 똑같은 의미를 전달해야 한다는 것입니다. 한 부조가 멈추라고 하는 동안 또 다른 부조는 가라고 지시를 하는 것은 말을 아주 혼란스럽고 성가시게 합니다.(이런 경우 말은 간단히 자기가 하고 싶은 것을 합니다.)

주먹부조(Hand Aids)

주먹은 말 입에 물린 재갈에 연결된 고삐로 말의 전진력을 통제 합니다.

뒷다리(엉덩이)에 있는 원동기로부터 생긴 규칙적인 추진에 의해 말을 유도하고 확인하고 제지하는데 주먹을 사용하게 됩니다. 주먹으로는 말 머리의 높이를 조절하고 말의 균형 혹은 보폭을 변화시킬 수 도 있습니다.

승마자는 고삐를 잡은 손과 말 입에 연결되어 있는 고삐를 통해 항상 가볍게 연결되어 있어야 하고, 끊임없는 조화(Communication)를 이루며 말이 전진하려는 의지를 유지하여야 합니다.

말에 기승을 하면 고삐를 짧게 잡고 이러한 말 입과의 연결을 얻을 때까지 양쪽 주먹을 모아서 말의 등선마루 부위가 있는 안장의 앞쪽에 주먹을 위치하도록 합니다.

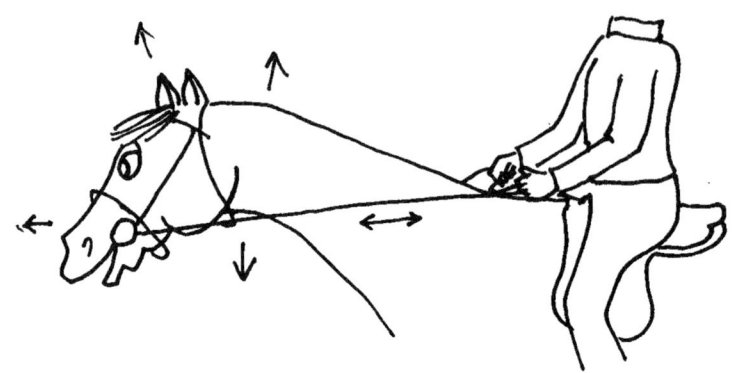

　말이 움직이기 시작할 때, 팔은 긴장을 풀어 말의 머리와 목이 균형을 잡기위해 취하는 움직임을 주먹이 따라갈 수 있어야 합니다.
　이러한 방법은 항상 지속적이고 가벼운 연결을 유지하여야 하나 말이 균형을 유지하기 위해 말의 상체를 사용 하는 것을 방해해서는 안됩니다.
　만약 승마자가 말의 이러한 앞뒤로 움직이는 동작을 못하게 한다면, 승마자의 팔을 움직이지 못하도록 묶어 두었을 때 균형을 확실하게 잡지 못하게 되는 것과 똑같은 느낌을 말도 갖게 될 것입니다.

　걷거나 뛰는 것은 가능하지만 서투르고 어려우며 불편하게 되고, 그 불편함은 당신을 짜증나게 하여 곧 자유롭게 되기 위해 노력하게 될 것입니다.

말도 자신의 균형을 잡기위한 동작에 방해를 받게 되면 자유로워지기 위해 애쓰게 됩니다. 고삐가 느슨해질 수 있는 범위 내에서 머리를 상하로 흔들거나 아래로 끌어 내리려 할지도 모릅니다. 만약 말이 불편함을 심하게 느낀다면 멈추어 서서 가려하지 않을지도 모릅니다. 이럴 때 말을 비난 할 수 있겠습니까?

말을 통제 하려고 재갈을 사용하기 위해 승마자는 말 입의 어느 한쪽 혹은 양쪽에 압력이 가해질 때 까지 가벼운 연결을 증가시키게 됩니다.
　이러한 연결은 오직 승마자에게 좋은 반응을 줄 필요한 만큼만 증가되고 강해질 수 있습니다.
　말은 기꺼이 가볍게 점점 증가되는 압력에는 좋게 반응 할 것입니다만, 반대로 입을 강하고 확고하게 당기는 것에는 강하게 반항 할 것입니다.
　압력은 고삐를 손가락으로 꽉 움켜쥐거나 손목을 돌리는 것 혹은 상박이 가볍게 긴장 하는 것에 의해 증가될 수 있습니다.

절대로 말 입에 대항하여 버티거나 당기려고 하지 말 것!
견고하면서 양보 하지 않게 입을 당기는 것은 말에게 굉장히 고통을 줍니다. 지속적으로 당기는 것은 말 입의 감각을 잃고 예민하지 못한 막대기로 만들어 말은 재갈에 알맞게 반응할 수 없게 됩니다.
고삐를 당기면 말도 즉시 당길 것 입니다.
이것은 말이 쉽게 이길 수 있는 줄다리기 게임 입니다!
승마자의 주먹을 양보하는 자세는 주먹을 재갈 쪽으로 내밀었다가, 승마자의 몸 쪽으로 저지시키는 것 입니다.

말 입에 압력을 증가 시키므로 절대로 주먹을 들어 올리거나 벌리지 마십시오.

만일, 승마자의 손이 높은 위치에 있다면, 고삐의 길이가 너무 길기 때문이고, 고삐를 짧게 잡는 것이 좋습니다.

고삐를 강하게 당겨 잡으면서 말을 타지 말 것 -이것은 말의 균형을 방해하고 상처를 주며 입을 둔하게 만든다는 것을 기억하시기 바랍니다.

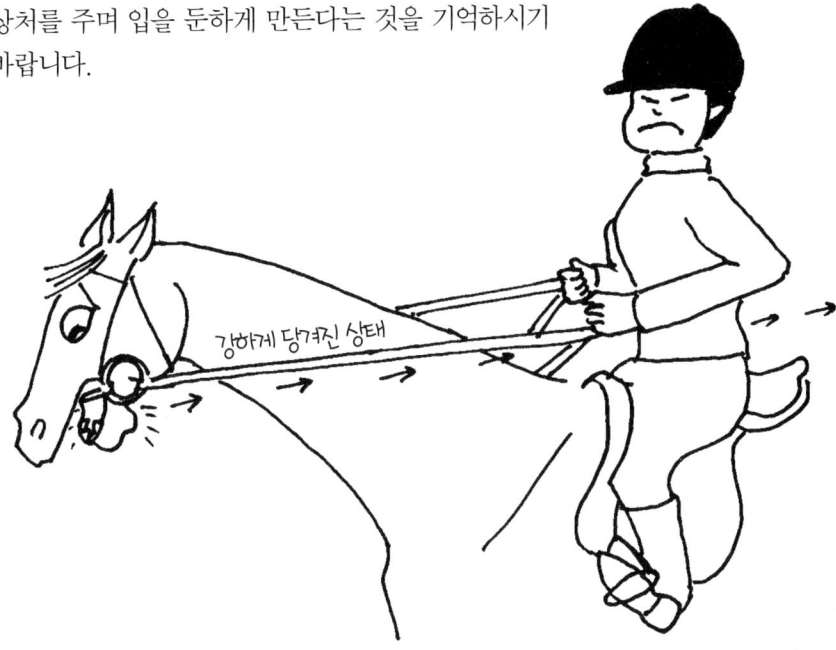

당신의 입안에 금속 재갈이 물려 있다면 어떤 느낌을 갖게 될지를 상상해 보시기 바랍니다.

그러면 주먹에 느낌이 느껴지기 쉽게 잡은 고삐로 말 입에 가볍게 연결 하는 것이 얼마나 중요한지를 이해하게 될 것입니다.

고삐를 느슨하게 하여 말을 타지 말 것 -그러면 말과 승마자와의 전달매체가 없어지게 됩니다. 연결을 하고 말을 타세요!

다리부조(Leg Aids)

다리는 말의 엉덩이부위(Hindquarters)를 통제 합니다.
종아리를 말 옆구리에 붙이거나 복대 뒤에 바로 놓고 필요에 따라 조이거나 가볍게 톡톡 치는 식으로 다리를 사용할 수 있습니다.

두 다리는 말의 엉덩이부위에 있는 발전기의 힘과 추진을 만들고 유지하기 위해 함께 사용되고 또한 힘과 추진을 감소시키는데 에도 사용될 수 있습니다.
그리고 두 다리를 각각 따로 사용하여 말의 엉덩이부위를 밀거나 억제하기 위해 사용되기도 합니다.
이러한 통제를 위해 필요로 되는 압력의 양은 여러 가지 요인에 따라 달라집니다. 말들은 인간이 어떻게 하는가에 따라 그들의 반응과 기질이 변화하게 됩니다.
어떤 말들은 게으르거나 느리거나 둔감하거나 아니면 철저하게 고집이 세기도 합니다.
그런 말들에게는 엉덩이부위의 발전기에 시동을 걸고 계속적으로 움직이는 것을 유지하기 위해 강하고 지속적인 다리의 사용이 필요하게 될 것입니다.
또 다른 말들은 활동적이고, 빠르며, 민감하게 반응을 보이기도 합니다.
그런 말들에게는 엉덩이부위를 통제하기 위해 아주 조금 그리고 가장 재치 있는 다리의 사용이 필요하게 될 것입니다.
그리고 물론 이러한 양극단의 상황 사이에는 반응의 근소한 차이와 정도가 있게 됩니다. 항상 최소한의 가능한 압력으로 시작하고 필요에 따라 압력을 증가 시키도록 합니다.

다리의 정확한 부분으로 말의 옆 부분을 바르게 감싸주기 위해서는 무릎의 회전하는 관절을 잘 사용해야 합니다. 이 회전하는 관절은 발을 약간 바깥쪽으로 벌리게 하여 다리가 뒤로 당겨졌을 때 종아리로 말의 옆구리를 쉽게 감싸고 압박할 수 있게 합니다.

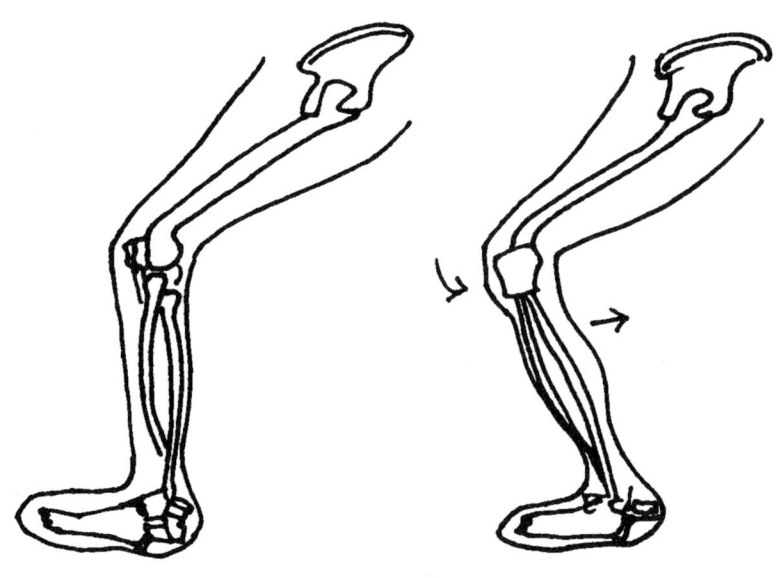

 종아리는 압력을 가하기 전에 말 옆구리에 닿아 있어야 합니다.
 말은 종아리 근육들의 반복되고도 율동적인 조여짐에 동의하여 반응 할 것입니다.
 때때로 말에게 조금 더 의욕을 주기 위해서 다리를 말 옆 부분에서 조금 떼어내어 좀 더 단호하면서 가볍게 두드리는 동작이 적용 될 수도 있습니다.

하지만 결코, 절대로 말 옆구리를 야구방망이를 휘두르듯 하지 말고, 세게 쾅쾅 차면 안됩니다!

만약 누군가가 당신의 등을 갑자기 한 대 때린다면 그때 당신이 느끼는 것과 마찬가지의 느낌을 말도 받게 될 것입니다. 이처럼 불유쾌한 타격의 힘에 의해 말은 앞쪽으로 밀려가게 되고-하지만 이런 식으로 얻어지는 동작은 일정하지 않고 지탱하기가 힘들며 억제되지 않은 상태가 됩니다. 아주 많이 반항적이고 불쾌한 느낌을 갖게 될 것입니다.

어쨌거나 말은 승마자의 다리 조임과 가볍게 톡톡 차는 동작, 즉 승마자 자신의 등 뒤에서 견고 하면서도 반복적인 압박을 하며 미는 것 같은 동작으로도 기꺼이 움직일 것입니다.

뒤꿈치의 뾰족한 부분으로 말 옆구리를 쿡쿡 찌르지 말 것!

사람의 갈비뼈를 손가락으로 콕 찌르는 것과 마찬가지로, 말도 그것을 좋아할까요? -전혀 그렇지 않습니다!

다리를 스파게티(국수)처럼 늘어뜨리지 말 것! -사용을 해야죠!
말이 일단 움직이기 시작한 이후에는 말의 발전기가 계속 가동 되도록 다리 부조를 지속적으로 써야만 합니다.

체중에 의한 부조(Weight Aids)

체중에 의한 부조는 말의 속도를 조절 하는데 도움이 되고 말의 균형을 유지해 주기도 합니다.

말 등위에서 여러분 자신의 균형을 유지하기 위해 체중을 이용하는데 있어 말의 속도가 증가함에 따라(혹은 속도를 증가 시키는 것을 요구할 때) 상체는 앞쪽으로 이동 시키는데, 이는 사람이 그와 같은 속도로 걷거나 뛸 때 균형을 유지하려고 상체를 숙이는 것과 같은 이치입니다.

　승마자의 체중을 앞쪽으로 이동하면 말의 엉덩이부위에 걸리는 하중이 가벼워지기 때문에 말을 더 쉽게 빨리 가도록 할 수 있습니다. 말은 속도를 증가 시키는 승마자의 신체의 이러한 움직임에 의해 더 빨리 갈 준비를 하게 됩니다.
　천천히 가려면, 승마자의 상체는 원래의 자세대로 위치하면 됩니다. 승마자의 몸무게가 원래의 위치로 돌아오면 말의 엉덩이부위에 위치한 엔진은 속도를 줄이게 되고, 말은 이러한 체중의 이동이 속도를 줄이라는 신호라는 것을 이해하고, 속도를 줄이기 위해 준비를 하게 됩니다.

 원 혹은 회전을 할 때 승마자의 체중부조는 말이 균형을 잡는데 도움을 줍니다. 말의 엉덩이와 승마자의 엉덩이가 평행을 이루고, 말의 어깨와 승마자의 어깨가 평행을 이루며 안쪽 다리의 뒤꿈치는 잘 내려서 체중이 안쪽 좌골에 실리게 합니다.
 다리부조의 사용과 함께 양 좌골에 실린 체중의 압력은 말을 앞쪽으로 보내는데 도움을 줍니다.

 속도에 비해 상체를 너무 앞으로 숙이면 말과의 균형이 어긋나게 되고 또한 말의 앞다리에 과부하가 실려 넘어질 듯 비틀거리게 됩니다.

 상체를 너무 뒤로하여 버티는 것도 또 하나의 잘못된 자세입니다. 이는 승마자의 자세를 불균형하게 하고 말의 엉덩이부위에 부담을 주어 속도가 줄어들게 합니다.

음성의 부조(The Voice Aids)

사람의 음성은 말에게 의사전달을 함에 있어 매우 유용한 부조입니다.
음성을 사용하는데 있어서는 그 높낮이가 중요합니다.

"워" 라는 단어는 말에게 멈추라는 의미입니다. 말을 완전하게 세우고 싶다면 명령하는 어조로 음성을 사용합니다.(만약 단순히 속도를 조금만 늦추고 싶다면 달래는 것 같은 음성을 씁니다.)

말이 흥분해 있거나 두려워 할 때 조용한 음성은 말을 진정 시키는데 도움을 줍니다.

   혀를 끌끌 차는 소리는 말의 속도를 증가시킬 수 있지만 말을 빠르게 가도록 하기 위해서 이런 방법을 사용 하는 것은 좋지 않습니다. 말을 타는 모든 것을 음성만을 단독으로 사용 하는 것에 의존하게 되면 승마자의 다리를 사용하는 방법을 잊어버리고 또한 게을러지게 될지도 모릅니다.

   다른 사람과 함께 말을 탈 때 속도의 증가를 위해 음성부조를 사용 하는 것은 매우 이해심이 부족한 행동입니다. 승마자의 음성은 함께 운동하는 동료의 포니에게 들려줄 수도 있고 이러한 기운을 북돋아주는 행위가 포니에게 있어서는 승마자가 조종하는데 문제를 발생 시키라는 의미로 받아 들여지게 될는지도 모릅니다.

무서운 음성은 말을 두렵게 합니다! 말을 탈 때는 절대로 고함을 치거나 큰소리를 내면 안됩니다.

이제 여러분은 4가지의 부조와 그것을 사용하는 방법을 배웠고 말에게 무엇을 원하는지 정확하게 알려줄 수 있게 되었습니다.

이렇게 부조를 이해하는 것은 승마자와 말이 매우 성공적인 친구 관계로 즐기는 것을 가능하게 할 것입니다.

7. 말을 어떻게 출발 시키고, 멈추게 하는가?

말의 엉덩이부위(Motor)를 가동하고 동작으로 들어가게 하기 전에, 승마자가 안장에 바른 자세로 앉아 있어야 합니다. 말의 귀 사이로 앞을 똑바로 쳐다 볼것!

말은 걸어갈 때 목을 앞으로 뻗으며 스스로 균형을 유지하는데, 말의 목이 편안한 상태에서 앞으로 약간 길어질 때 말 입과의 연결을 시작 하여야 합니다.

그렇지만, 이것은 말의 코가 가슴 아래쪽으로 내려가면서 말의 머리가 너무 밑으로 내려지는 것을 의미 하는 것은 아닙니다.

이러한 자세에서는 말의 앞쪽 몸뚱이 부분(Forehand)에 체중이 너무 많이 실리게 될 것입니다.(만약 승마자가 목을 앞으로 쭉 내밀고 머리를 아래로 늘어뜨려서 길을 걷는다면, 승마자 역시 균형을 잃게 될 것입니다.)

말의 코는 말의 엉덩이와 대략적으로 동일선상에 위치하여야 가장 균형을 유지가기 쉽고 통제하기가 쉬우며, 말의 머리는 옆에서 봤을 때 코가 약간 앞으로 나가있는 상태로 거의 수직선상이 되어야 합니다.

말의 머리를 위로 들어주기 위해서는, 마치 말을 앞으로 보내듯이 다리를 꼭 감싸 주어야 하지만, 주먹으로는 이러한 앞으로 움직임을 저지해야 합니다.

이렇게 하면 말 머리가 적당한 위치에 잡아 올려 지게 될 것이고 또한 입이 재갈의 작용을 받아들이는데 도움이 될 것입니다.

이러한 연결은 고삐가 똑같은 길이로 잡혀있어야 하고, 그렇지 않으면 말 머리는 한쪽으로 약간 돌아가게 될지도 모릅니다.

만약 말의 한쪽 눈을 다른 쪽 눈보다 더 쉽게 볼 수 있다면, 그쪽 고삐의 길이가 떠 짧고 말 머리가 그쪽 방향으로 돌아가 있다는 것을 알게 될 것입니다.

말을 운동하기 전에 균등한 연결을 확립 하기위해 고삐를 필요한 만큼 고쳐 잡아야 합니다.

말이 정확하게 움직여지기 위해서는 말 몸을 머리에서 부터 꼬리까지 일직선으로 유지 하는 것이 가장 중요합니다.

말 머리와 목이 어느 한쪽 혹은 다른 쪽으로 흔들리거나 뒤쪽 몸뚱이부분이 몸의 나머지 부분과 이루는 선으로 부터 빠져있다면, 말은 사람이 몸을 틀면서 걷거나 뛸 때처럼 꼴사납게(서투르게) 움직일 것입니다.

주먹을 사용하여 말 어깨의 앞쪽에 있는 말 머리와 목을 똑바르게 유지하게 할 것이고, 다리로는 말 어깨 뒤쪽에 있는 말의 뒤쪽 몸뚱이부분을 직선으로 유지하게 될 것입니다.

말과 함께 출발할 준비가 되면, 다리 부조(Leg aids)로 말의 엔진을 움직이게 되는데, 복대 뒤쪽에서 종아리를 균등하게 감싸주는 것으로 부드럽게 시작 하여 말이 앞으로 움직일 때 까지 이러한 압력을 증가 시킵니다.

팔은 긴장을 풀고 가벼운 연결을 지속적으로 유지하면서, 말이 발걸음을 앞으로 내딛기 위해 목을 뻗는 동안 주먹을 앞으로 움직여줘야 합니다.

상체는 땅 위에서 걸을 때 기울어지는 만큼 앞쪽으로 기울입니다.
 이렇게 자세가 변하는 것은 아주 조금뿐이지만 승마자가 균형 잡는 것을 유지하게 하고 또한 체중 부조처럼 말을 움직이게 하는데 도움을 줄 것입니다.
 승마자의 좌골을 안장에 잘 밀착 시켜 움직여 주면, 말을 앞으로 전진 시킬 때 도움을 주기도 합니다.

음성부조("쯧쯧"거리는 혓소리)는 승마자의 말만이 들을 수 있도록 필요할 때만 조용하게 사용합니다.

109

평보(The Walk)

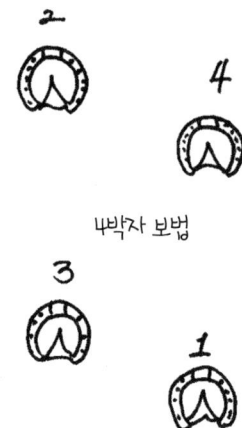

4박자 보법

말을 움직이게 할 때 첫 번째로 그리고 가장 느린 박자로 시작하여 나가는 것이 바로 평보입니다.

평보는 4박자의 운보로 말의 네발이 각각 독립적으로 바닥에 닿게 됩니다.

첫 번째 발은 앞다리를 앞쪽으로 밀어주는 뒷다리(엔진에 의해 주행된)중의 하나가 옮겨지며 그 다음 발은 대각이 되는 반대편의 앞다리가 되고, 세 번째 발은 또 다른 밀어주는 걸음이 되는 또 하나의 뒷다리가 됩니다.

그리고 네 번째 발은 남아있는 반대편 앞다리가 옮겨집니다.

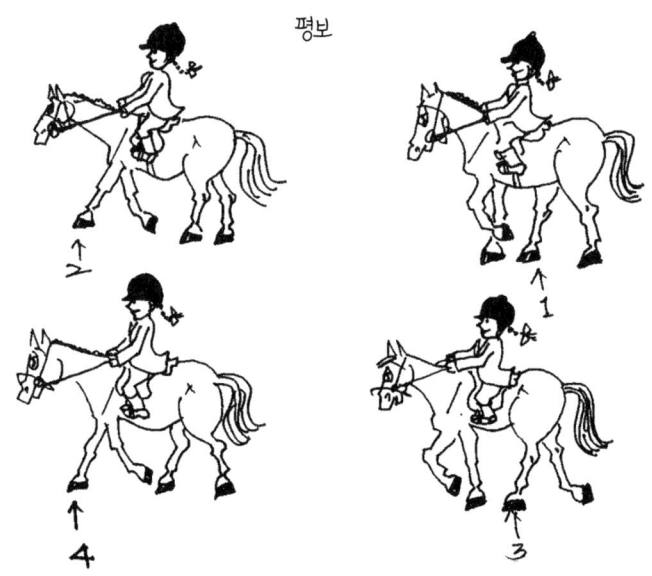

평보

평보에서 말의 뒷다리에 의해 만들어지는 발자국은 같은 쪽에 있는 앞다리의 발자국을 밟거나 약간 지나게 됩니다.

평보 걸음에서 말의 어깨와 엉덩이의 올라가고 내려가는 움직임과, 말의 뒤쪽 몸뚱이 부분(Hindquarter)으로 주행 하는 것에 의해 생겨나는 작은 동작은 승마자의 자세에 영향을 주는 동작을 만들어 냅니다.

여러분은 앉음새를 방해 하려는 이러한 경미한 동작(잔잔히 굽이치는 파도에 흔들리는 배처럼)을 원하지 않을 것이고, 승마자의 허벅지가 안장의 뒤나 앞쪽으로 미끄러지듯 움직이거나 종아리가 앞뒤로 흔들리면서 균형을 뒤죽박죽 되도록 하게 하는 원인이 되는 것은 아닙니다. 여러분은 이러한 동작에 상체가 자연스럽게 동화 되도록 해야 하고, 말의 움직임과 함께 쉽게 움직여야 합니다. 상체의 근육들을 긴장 시키게 되면 여러분의 기좌는 미끄러지게 되고 다리는 흔들리게 될 것입니다!

말의 머리와 목 역시 균형을 잡기위해 움직여야만 하며, 그러한 균형을 잡기위한 동작에 따라 주먹을 움직여주도록 하여야 합니다.

승마자의 종아리로 압력을 가해 감싸주는 동작은 교대로 하게 되는데, 말이 평보로 가도록 하고 또 그것을 유지하기 위해 먼저 말 몸의 한쪽에, 그리고 나서 다른 한쪽에 적용 하도록 합니다.

이러한 종아리의 압력은 종아리와 같은 쪽 말의 뒷다리가 땅바닥에서 걸음을 떼는 동작을 할 때 같이 적용되어야 합니다.

말은 말 머리가 바라보는 방향을 가게 될 것입니다만, 승마자가 말이 가고 있는 방향을 바꾸고 싶을 때에는 말에게 방향을 바꾸도록 해야 할 부분이 두 개 있다는 것을 기억해야 합니다.

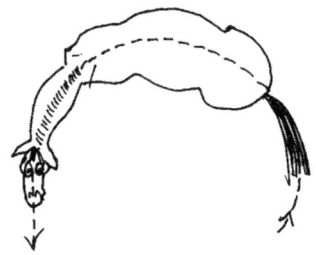

원하는 방향으로 말의 앞부분을 주먹으로 안내 하는 동안, 승마자의 다리와 체중으로는 말의 뒷부분을 말의 앞부분의 뒤쪽으로 구부러지는 선을 따라 가는 것을 유지하여야 합니다.

말은 자신의 다리에 의해 몸이 움직여지는 방향은 앞쪽과 뒤쪽뿐입니다. -말의 신체구조는 여러분이 할 수 있는 만큼 측면으로 움직여 갈 수 없습니다. 그래서 말은 방향을 바꾸기 전에 먼저 앞쪽으로 전진하고 있어야 합니다.

만약 여러분이 말머리를 강하게 한쪽으로만 당긴다면, 말은 자신의 발굽을 밟게 되어 고통스러운 상처를 입히는 원인이 가능한지도 모릅니다.

그러므로 말이 제자리에 선 상태에서 방향을 돌리려고 하는 실수는 하지 말아야 합니다! 먼저 말을 앞쪽으로 전진하도록 하여야 합니다!

방향을 바꾸려는 쪽 주먹은 고삐를 몸의 중앙 쪽으로 당겨 말에게 방향을 알려주고, 반대편의 주먹은 당겨져 있는 고삐의 길이만큼 앞쪽으로 이동하여, 고삐가 길어져서 말이 회전을 할 때 말의 머리와 목이 자유롭게 해줍니다.

회전하는 쪽 방향의 다리는(승마자의 '안쪽다리'라고 칭함) 말의 뒤쪽 몸뚱이 부분을 회전 하는 쪽의 반대 방향으로 밀어내어 말의 앞쪽 몸뚱이 부분이 가는 방향을 따라가도록 해야 합니다.

승마자의 '바깥쪽 다리'(회전하는 쪽 다리로 부터 떨어진 다리)는 말이 일정한 속도로 걷는 것을 유지시키기 위해 사용 됩니다.

회전을 쉽게 하기 위해서는 말의 발전기에 일정한 추진을 주어야 합니다.

만약 말이 회전하는 과제를 수행 하는 동안 발전기가 늦게 돌아간다면 말을 조종하기도 힘들어 지고 회전하는 동작도 어색하게 될 것입니다.

말을 확실하게 움직이게 하기 위해 승마자의 바깥쪽 다리를 지속적으로 함께 감싸주어야 합니다.

회전할 때, 승마자의 체중 부조는 말의 균형을 잡는데 도움이 됩니다. 말의 엉덩이와 승마자의 엉덩이가 직사각형을 이루고, 말의 어깨와 승마자의 어깨가 직사각형을 이루며, 안쪽 다리의 뒤꿈치가 잘 내려간 상태로 회전하는 방향의 좌골에 체중이 실리게 됩니다.

다음으로는 말의 속력을 늦추고 멈추는 방법을 알아야 합니다.

먼저, 속력을 안정되게 변화시키기 위해 안장에 확고하게 앉습니다. 그리고 나서 원하는 만큼 속력이 낮아졌을 때 균형을 잡을 수 있도록 앉은 자세에서 상체를 뒤로 합니다.(만약 말이 완전히 멈추게 되면 원래의 직립된 자세를 바로 잡습니다.) 이러한 변화는 승마자가 균형을 잡을 수 있도록 할 뿐만 아니라 말의 전진 동작의 감소에 도움을 주기위해 체중부조 또한 이용할 수 있게 할 것입니다.

승마자의 주먹으로 고삐의 압력을 조였다 풀어 주기를 하면서 말의 전진 동작을 제지하는 동안 승마자의 좌골은 안장에 깊숙이 내려앉도록 하고, 양쪽 다리로 복대 옆의 말 옆구리에 견고하게 밀착 시킵니다. 말이 멈추는 대로 즉시 말 입에 어떠한 긴장도 가해지지 않도록 느슨하게 해 주어야 합니다.
　말 입에 압력을 가하기 전에 승마자가 속도를 늦추거나 멈추려 한다는 것을 말이 알도록 음성 부조를 사용합니다. "워" 하는 소리는 말에게 속력을 감소시키는 것과 관련되는 생각을 갖게 하여 속도를 늦추기 위한 승마자의 다른 부조들에 협력 하려고 준비 하는 것에 도움을 줍니다. -이따금 고삐를 늘어뜨려 잡거나 등자쇠에서 발을 빼고 있을 때 주먹의 작용 없이 확고하게 "워" 하는 소리만으로도 말은 주의를 기울여 멈추는 상황을 연출 해낼 수 있습니다.

어떤(마장마술 경기 같은) 승마 경기 에서는 속도를 줄이기 위해 음성 부조를 사용 하는 것이 허용되지 않지만 대부분의 다른 상황 하에서는 적절하고 안전하게 사용될 수 있을 것입니다.
　단체로 말을 탈 때 당신의 말에게 "워" 라고 하는 것은 전혀 문제될 것이 없습니다.
　비록 다른 사람의 말이 당신의 음성이 지시 하는 것을 듣고 함께 속도를 줄인다고 해도 그것으로 하여금 함께 운동하는 사람들에게 어떠한 문제가 일어나지는 않을 것입니다.(말이 빨라지는 것에 연관된 거라면 위험할 수 있지만, 느려지는 것에 관련된 거라면 위험은 전혀 없습니다.)

말을 멈추게 하고 싶을 때 주된 부분에 앞서 차분한(억제된) 부조를 사용하기 시작하여야 합니다. 승마자로 부터 이러한 신호를 얻기 까지는 시간이 걸리고 또 그 신호를 행동에 옮기기 위해 또 다른 시간이 걸리게 된다는 것을 기억 하여야 합니다.

만약 말이 빨리 움직이게 되면 말의 엔진(말의 뒤쪽 몸뚱이 부분)이 속력을 늦추어 멈추기 까지 일정한 시간과 거리가 소요될 것 입니다. 그러므로 마지막 순간에 급정거를 힘껏 하려고 하지 말아야 합니다. 말에게는 결국 적용 되지 않을 테니까요!

말이 멈춘 후에는, 네다리에 의해 네모 반 듯 하게서야 합니다. 그리고 승마자는 말 등에 정확하게 앉아야 하는데 엉덩이를 힘없이 주저앉아 있으면 안됩니다.

처음으로 말 등 위에 올라앉아 정확한 자세와 각종 부조를 사용 하여야 할 때에는 벽이나 울타리로 막혀있는 작은 운동장이나 말을 풀어놓는 방목장(Paddock)에서 운동을 하는 것이 좋습니다.

승마자의 승마 자세가 안정되고 부조를 효과적으로 사용 할 능력이 있다는 믿음이 생길만큼 충분히 익숙하게 될 때까지는 말을 개방된 들판이나 도로, 혹은 외승로로 끌고 가지 말아야 합니다.

또한 여러분의 경험이 부족 하다는 것을 주의하지 않거나 적당한 장소에서 적당한 속력으로 타려고 하지 않는 사람들과는 함께 말을 타지 않는것이 초보자인 여러분을 위해 안전 할 것입니다.

말이 흥분을 하거나 두려워 할만한 상황, 또는 어떠한 이유로든 말이 속력을 증가 시키고 싶어하게 될만한 상황으로 말을 몰고 가지 말아야 합니다. 이러한 상황은 여러분 또한 당황하게 할 수도 있고, 아마도 말을 침착하게 안정시키지 못하게 될 것입니다.

넓고 열린 공간에 있게 된다는 것 하나로 말로 하여금 자유를 느끼게 하고 그것은 간혹 말에게 다리를 쭉 뻗어 신나게 달려 보라는 유혹이 됩니다.

말은 사방이 둘러 쌓인 곳에서는 달릴만한 공간이 없다는 것을 재빨리 이해하게 되지만, 그래도 곳곳을 돌아보고야 서두를 필요가 없다는 것을 알게 됩니다.

한 두바퀴 정도 돌아본 후에 말은 운동장(마장)에서 보이는 모든 것들에 익숙해지게 되고, 야외에서 말을 타게 될 때 보게 되는 토끼들이나 짖어대는 개들, 혹은 경적을 울리며 속력을 내달리는 자동차와 같이 깜짝 놀라게 하는 이상한 것이나 볼 것들이 갑자기 나타나지는 않는다는 것을 알게 됩니다.

승마장 또는 방목장과 같은 땅은 수평이거나 거의 평면에 가깝습니다. 그러므로 언덕을 오르내릴 경우에 필요로 하게 되는 것과 같은 강한 부조를 사용하지 않아도 되고, 언덕길을 다니는 동안 확인 하여야 하는 물이 흐르는 작은 계곡, 땅의 큰 구멍, 넘어져 있는 통나무, 길고 거친 풀숲 등으로 인해 마음이 산란하게 되지는 않을 것 입니다.

울타리나 벽에 꽤 근접하여 트랙에서 말을 타게 되면, 말을 똑바로 가게 할 수도 있고 또한 승마자에게 주어진 과제를 더 쉽게 해줍니다.

이러한 공간에서 당신이 다른 이 들과 함께 말을 탄다면, 앞뒤로 안전한 거리(적어도 말 두 마리의 몸길이만큼)를 확실히 유지 하여야 합니다.

만약 앞지르기를 하려면 바로 옆에 가까이 붙어 지나가지 말 것!

옆을 지나는 동안 다른 말이 발길질을 하여 당신이나 당신 말에게 불필요한 상처를 주게 될지도 모릅니다.

말이 다니는 길(Track) 에서는 말을 멈추지 말 것, 이러한 동작은 뒤에서 따라오던 승마자에게 문제를 유발 시키게 되고 또한 당신이 타고 있는 말의 발전기를 다시 돌려야 할 필요를 갖게 합니다.

만약 당신 뒤에서 말을 타고 따라오는 사람이 아무도 없다면, 말이 다니는 길에서 빠져나와 동그랗게 원을 그린 후, 원을 그리기 위해 빠져 나왔던 자리로 되돌아 들어갈 수 있습니다.

이러한 동작은 당신 앞에 가는 말이 당신으로 부터 안전한 거리로 이동할 수 있는 시간을 주게 될 것입니다. 아니면 다른 말과 너무 근접하지 않도록 비어 있는 공간으로 가로질러 갈 수도 있습니다.

만약 운동장에서 계속해서 도는 동안 울타리에 더 근접하여 운동하고 싶다면, 울타리 쪽에 있는 승마자의 주먹을 이용하여 말의 앞쪽 몸뚱이의 방향을 유도하여 주고, 반대쪽 승마자의 다리로는 말의 뒤쪽 몸뚱이 부분을 밀어주어(Push) 말의 앞쪽 몸뚱이 부분을 따라가도록 하여야 합니다.

어느 곳에서 말을 타든지 통제가 쉽게 되게도 하며, 말탈 때 입는 옷을 선택 하는 것에 따라 당신의 기좌와 부조를 적합하게 사용할 수 있는 능력의 안정성에 도움이 될 수도 방해가 될 수도 있습니다.

승마 바지(Riding breeches)는 특별히 이러한 목적을 위해 만들어 졌습니다. 보통 안장가죽에 잘 달라붙는 모직물 같은 재질로 만들어 지는데 필요에 따라 기좌를 꽉 조여주어 더 편하도록 만들 수 있습니다.

엉덩이와 무릎이 구부러지기에 충분한 공간을 줄뿐만 아니라 옷이 돌아가거나 다리가 쓸리는 것을 막기 위해 특별한 방식으로 재단됩니다. 짧은 승마용 반장화(Jodphur boot)를 신을수 있는 발목까지 내려오는 승마용 바지는 대부분의 승마용에도, 특별히 초보자나 어린이들과 성장기의 승마자들에게 가장 유용한 바지 입니다.

종아리를 감싸는 재질은 승마자의 다리와 말의 옆부분간에 예민한 느낌을 줄 수 있어야 하는데, 양질의 부드러운 가죽을 특별히 제작해서 만들어지고 있는 가죽 장화를 손에 넣기란 매우 어렵습니다.(그런 장화는 일반적으로 비용이 많이 들고 당신의 발이 더 커지고 다리가 더 길어질 때 마다 혹은 매 6개월 마다 새 장화를 사는 것은 바보 같은 짓 입니다.)

승마용 반장화(Jodphur boot)는 단단한 밑창과 깊은 뒤축이 있고, 등자에 지탱하고 등자쇠의 맨 윗부분에 발목이 쓸려 까지는 것을 보호하기에 충분한 높이여야 하는 등의 필요조건들을 제공해야 합니다.

이러한 것들은 비용이 많이 들지 않는 스타일의 기성품으로 대처하여, 발이나 다리가 자랐을 때 큰 손실이 없도록 하여야 합니다.

값싼 장화는 소가죽의 거친 부분으로 만들어집니다. 그것들은 다리 주위를 뻣뻣하고 단단하게 만들어 승마자와 말 옆구리간의 감각을 방해하게 되고 이것은 바로 당신에게 일어날 수도 있는 일입니다!

그러므로 재질이 나쁜 값싼 장화는 사지 말 것! -그것들은 당신의 승마 운동을 돕기는 커녕 방해만 하게 될 것입니다.

　승마를 할 때는 언제나 보호모를 착용하여야 합니다. 머리에 잘 맞는 승마용 보호 모는 낙마할 경우에 부상으로부터 머리를 보호해 줄 것입니다. 따라서 말을 탈 때 보호모를 쓰는 것은 반드시 지켜야 합니다!

　헐렁하거나 편안한 상의는 일반적인 승마 운동 시에 입을 수 있습니다, 만약 당신의 승마술이 진보하여 대회나 여우 사냥(Foxhunting)등에 나가게 되면 거기에 맞는 승마용 코트를 입어야 하는데 사냥을 갈때는 여름에는 가벼운 재질로 만들어진 것을, 그리고 추운 날씨에는 트위드(Tweed)천의 옷이나 무거운 멜톤(Melton)모직으로 만들어진 옷을 입습니다.

　폴로셔츠는 따뜻한 날씨에 입기 적합하고, 목이 긴(Turtleneck) 스웨터는 쌀쌀한 날씨에 코트 또는 재킷 속에 받쳐 입을 수 있습니다. 셔츠에 보통 넥타이를 착용할 때는 일반적인 승마용 재킷을 입을 때 사용되고, 흰색 넥타이를 착용할 때는 멜톤 모직으로 만들어진 사냥용 재킷을 입을 때 사용 합니다.

청바지나 일반 바지를 입고 승마를 시작해야만 할런지도 모르지만 가능한 빨리 저렴한 승마용 바지를 구입 하는 것이 좋습니다. 당신이 조금 더 빠르게 말을 몰기 시작할 때 미끄러운 재질의 헐렁한 바지는 안전한 기좌를 유지하기 어렵게 한다는 것을 발견하게 될 것입니다. 청바지나 리바이스는 카우보이(Western saddle) 안장으로 말을 탈 때 가장 적합합니다.

만약 승마용 반장화 없이 승마를 시작해야만 한다면 탄탄하고, 단단한 밑창이 있는, 끈으로 동여매는 신발 종류를 신도록 합니다. 뒤축이 없는 타입의 끈 없는 신발인 샌들은 적합하지 않습니다. 왜냐하면 뒤꿈치가 벗겨져 신발이 떨어지는 것을 막기 위한 노력으로 앞꿈치를 힘주어 내리게 되기 때문에 말 탈 때는 적합하지 않습니다. 고무창이 있는 운동화인 스니커즈도 마찬가지로 나쁜데 밑창으로 전혀 지탱해 주지 못하고 뒤축도 없으면 조금 많이 클 경우에는 등자쇠에서 항상 발이 미끄러지게 되기 때문입니다.

8. 속보를 하는 방법과 후퇴 방법

평보 다음으로 빠른 걸음은 속보입니다. 이는 두박자로 말의 뒷다리와 대각으로 반대편에 있는 앞다리가 함께 움직입니다. 이러한 다리의 조화로운 움직임에 의해 속보에서 말은 더 빨리 움직일 수 있습니다. 말이 속보에서 앞으로 주행하게 하는 말의 뒤쪽 몸뚱이 부분으로 부터 밀어내는 힘은 평보를 할 때 쓰이는 힘보다 더 강하고, 말의 다리도 더욱 빠르게 움직이게 됩니다.

말이 속보를 할 때 말의 등위에서 균형을 잡고 안정되게 머무르기 위해 무엇을 해야 할지를 먼저 배우지 않는다면 속보의 움직임을 처음 경험하게 될 때 당신은 무언가 정돈되지 않은 느낌(아마도 잘 앉지 못하는 것과 같은)을 받게 될 것입니다.

평보의 느리고 편안한 움직임 즉 흔들리는 파도위에 닻을 내리고 정박한 보트의 흔들림 같은 동작이, 갑자기 빠르고 경사지며 세차게 흔들리며 뛰어오르는 것과 같은 동작으로 변할 수도 있습니다.

당신의 보트는 거친 파도 속에서 양 옆, 앞과 뒤로 흔들리고 있는데, 이때 파도의 흔들림에 보트가 전복되지 않도록 조심해야 할 것입니다!

 속보 걸음에서 말이 스스로 균형을 잡기 위해서 평보 시 유지하던 머리와 목을 들어 올리고 목을 약간 짧게 하는 것으로 위치를 바꿉니다. 말이 자유롭게 방목되어 있는 것을 관찰 한다면 당신은 이것이 말 스스로 균형을 잡는 자연적인 방법이라는 것을 알게 될 것입니다.
 이러한 머리와 목 위치의 변화는 말이 속보를 시작할 때 평보에서는 연결이 정확했던 고삐의 길이를 길어지게 만들 것입니다. 그래서 평보 에서 속보로 보조를 바꾸기 위한 준비를 할 때에는 먼저 고삐를 1인치 정도 더 짧게 잡아야 합니다. 고삐 길이를 바꾸려면 속보를 시작하기 전에 하는 것이 좋고, 가능한 조용하게 변경을 해야 합니다.

평보에서 속보로 속도를 변화하기 위해 다리 부조(Leg aids)를 사용하여 말의 발전기에 속력을 가해야만 하는데, 양쪽 종아리를 사용하여 말의 옆구리를 말이 속보로 움직여 갈 때 까지 압력을 증가 시킵니다.

승마를 하는 동안의 고삐의 조작은 항상 가볍게(부드러운) 말 입과의 연결을 유지 하여야 합니다. 속보 에서는 평보에서 했던 것 보다 말의 머리와 목의 균형을 잡기위한 움직임이 줄어드는데 주먹은 거의 움직임이 없이 아주 견고해야 함을 상기해야 합니다. (속보의 움직임에 맞추어 주먹을 들어 올리고 내리는 동작을 하지 말 것! 주먹은 말의 등선마루 위에서 낮추어 잡도록 합니다.)

승마자의 체중은 말이 속보로 갈 때의 속도에 따라 앞쪽으로 기울게 되는데 땅위에서 똑같은 속력으로 달릴 때 몸이 앞으로 기우는 것과 같습니다. 어쨌든 당신은 속보로 말을 타기 시작했고 다리와 주먹, 체중부조를 함께 잘 쓰는 것을 연습하게 될 것이고 그렇게 되면 더 이상 말의 발전기가 돌아가게 하거나 계속 돌게 하기위해 음성부조를 쓸 필요가 없게 될 것입니다.

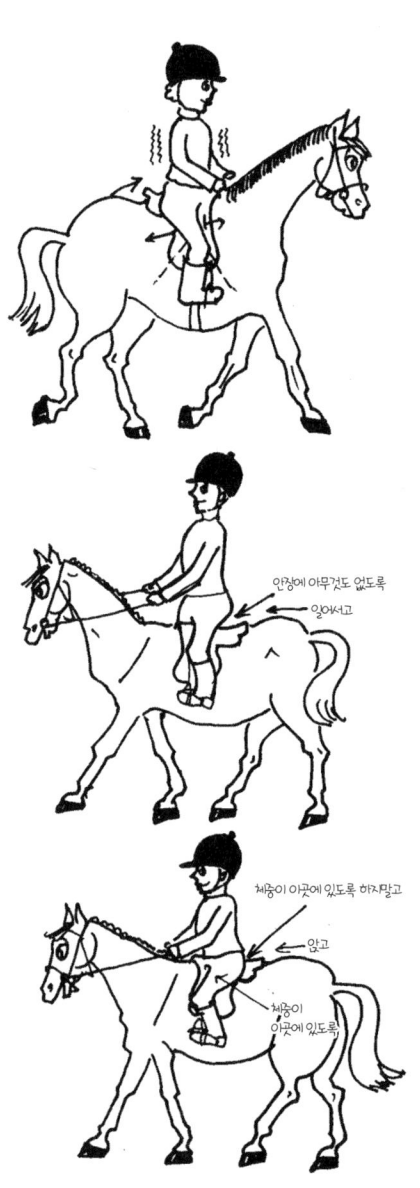

이처럼 좀 더 활동적인 보조로 변환하기 전에는 안장에 기좌를 딱 붙이도록 합니다. 먼저 말이 속보를 시작할 때 당신은 말이 평보로 움직일 때 앉아 있던 것과 마찬가지로 앉게 될 것입니다. 이것을 좌 속보(Sitting trot) 라고 합니다. 그러나 쉽지는 않을 것 입니다- 왜냐하면 더 많고 더 어려운 움직임이 있게 될 것이기 때문입니다-. 그러므로 다리를 흔들거나 허벅지가 움직이지 않도록 하여야 합니다. 무릎아래 발과 함께 다리를 견고하게 유지하고 상체가 이 새로운 운동을 받아들이는 동안 허벅지는 안장에 꼭 붙어 있도록 합니다.

말이 속보로 몇 걸음 간 후에, 이렇게 주행하는 말의 뒷다리중의 하나에만 힘이 가해지는 것에 의해 상체를 움직이게 될 수 있을 것 입니다. 이 힘은 당신의 상체를 안장에서 떨어지기에 충분하도록 약간 더 앞쪽과 위쪽으로 보낼 수 있게 될 것입니다. 당신의 상체가 이와 같이 안장에서 떨어지는 동안 다른 한쪽의 뒷다리의 반동을 벗어나게 됩니다. 당신의 상체가 원래의 위치로 돌아오면서 처음 움직임과 같이 상체로 말의 뒷다리의 주행 동작을 처음부터 다시 받게 됩니다. 안장에 다시 앉게 될 때 허벅지로 체중을 적절하게 잡고 있도록 주의해야 하고 척추의 끝부분으로 털썩 주저앉지 않도록 합니다.

이와 같이 움직이는 말의 뒷다리의 움직임에 맞추어 율동적으로 일어나고 앉는 속보를 경속보(Posting trot or rising trot) 라고 합니다.

속보로 운동을 하는 동안은 가능하면 안장에 깊이, 밀착되게 앉아 있어야 하며 그렇게 함으로서 가장 확실한 균형과 말 등에서의 안정된 자세를 취할 수 있기 때문입니다.

키가 작은 포니나 승마용 말의 등으로 부터 느껴지는 승마자의 움직임은 각각의 개별적인 특성에 따라 율동의 속도와 강도에 차이가 있을 것 입니다.

어떤 말은 속보 운동에서 안장으로 부터 승마자의 움직임이 거의 없도록 하는 반면, 승마자의 부정확한 조작으로 말미암아 승마자가 안장에서 공중으로 상당히 떨어지게 될 때도 있습니다.

이러한 조작은 승마자의 기좌로 하게 되며 승마자의 엉덩이가 너무 많이 앞쪽으로 밀려 나는 것을 방지 하는데 엉덩이에 몇 가닥의 깃털을 달고 겉 깃털만 위와 아래로 움직이듯 하지 말고 엉덩이 전체가 살짝 앞으로, 그리고 약간 아래로 굴러가듯 움직여야 합니다. 경속보시 승마자가 말의 움직임에 따라가지 못하고 안장에서 높이 떨어져 나갈 수도 있으므로 주의 하여야 합니다.

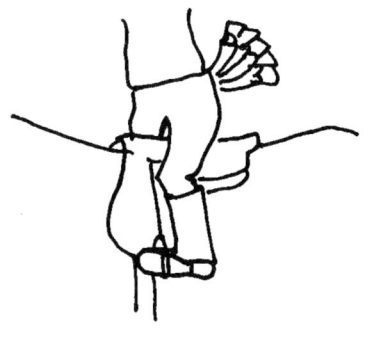

　등자쇠에 놓인 정확한 발의 자세는(알맞게 벌어진 발목 관절의 충격 흡수와 함께) 말이 속보를 할때 발생하는 약간의 흔들림을 흡수 하는데 도움이 됩니다. 이러한 동작은 승마자의 상체가 그 자리에서 일어나고 뒤꿈치가 약간 내려가는 것에 따라 이 충격 흡수기가 받아들일 수 있는 약간의 힘을 허용 하는 것에 의해 기승자의 상체에서 부터 발목 관절까지 전달될 수 있습니다. 속보 시 말의 뒤쪽 몸뚱이 부분에 의해 발생하는 운동을 흡수하고 배분한다는 것의 보충적인 의미는 승마자를 안장에 붙어있도록 하는데 매우 유용하다는 것입니다.
　속보에서 반동을 받는 것은 말의 동작과 함께 움직이는 방법으로 이것이 승마자의 안정성과 완전한 균형을 유지시켜 줍니다. 승마자가 말과의 율동적인 조화 속에서 반동을 받을 때 속보를 보다 쉽고 편안하게 수행할 수 있게 될 것입니다.

불행하게도 많은 승마자들이 초보 단계에서 속보 시 잡게 되는 위아래로의 동작을 보고 이 움직임이 개구리들처럼 커다란 연꽃잎 에서 뛰어 내릴 때 와 같이 등자쇠에 놓은 발을 버팀대로 하여 안장에서 위로 밀어내고 아래로 내리며 만들어낼 수 있는 것이라 생각하게 될 수 있습니다.

이런 나쁜 습관은 기좌의 안정성에 좋지 않은 작용을 하고 속보에서 말을 조종하기 어렵게 만듭니다. 이러한 잘못은 저지르지 말 것!

'등자를 밀어 내면서 공중으로 일어나는' 동작은 승마자를 안정된 기좌 위치로 부터 위로 올려 벗어나게 하며 또한 승마자의 상체를 정확한 상체 자세의 밸런스로 부터 앞쪽으로 내던져지게 됩니다.

만약 승마자의 발이 무릎보다 뒤쪽에서 등자쇠를 버티고 있으면 상체가 정확히 균형 잡힌 상태보다 너무 앞쪽으로 내던져지게 되고, 발이 무릎보다 앞쪽에서 버텨지게 되면 몸이 뒤쪽으로 넘어지게 되어 완전히 균형을 잃게 됩니다.

말이 속보를 할 때 말의 움직임과는 상관없이 혼자만 일어나고 앉는 동작을 하게 되면 불필요하게 많은 에너지를 소비하는 것은 제외 하고라도 말과 동시에 함께 움직이는데 어려움이 있을 것입니다.

그러므로 승마자 에게 기본적인 도움을 주는 등자쇠의 사용에 나쁜 습관이 들지 않도록 하여야 하며, 등자쇠 에서 일어설 때 발목 관절이 말 옆구리 에서 멀리 떨어지지 않도록 하여야 합니다.

속보에서 말의 다리는 대각에 있는 맞은편 다리와 조화를 이루어 움직이므로 말의 오른쪽 뒷다리가 지면에서 떨어질 때 안장에서 일어나게 되면 말의 왼쪽 앞다리가 지면에서 떨어질 때도 안장에서 일어나게 되고, 말의 오른쪽 뒷다리와 왼쪽 앞다리가 지면에 닿는 것에 따라 안장에 앉게 될 것입니다.

말의 왼쪽 앞다리가 올라가고 내려가는 것과 동시에 안장에서 일어나고 앉게 되면 좌측 경속보로 반동을 받고 있는 것입니다. 반대로 말의 우측 앞다리에 맞추어 움직인다면 그때는 우측 경속보로 반동을 받고 있는 것입니다.

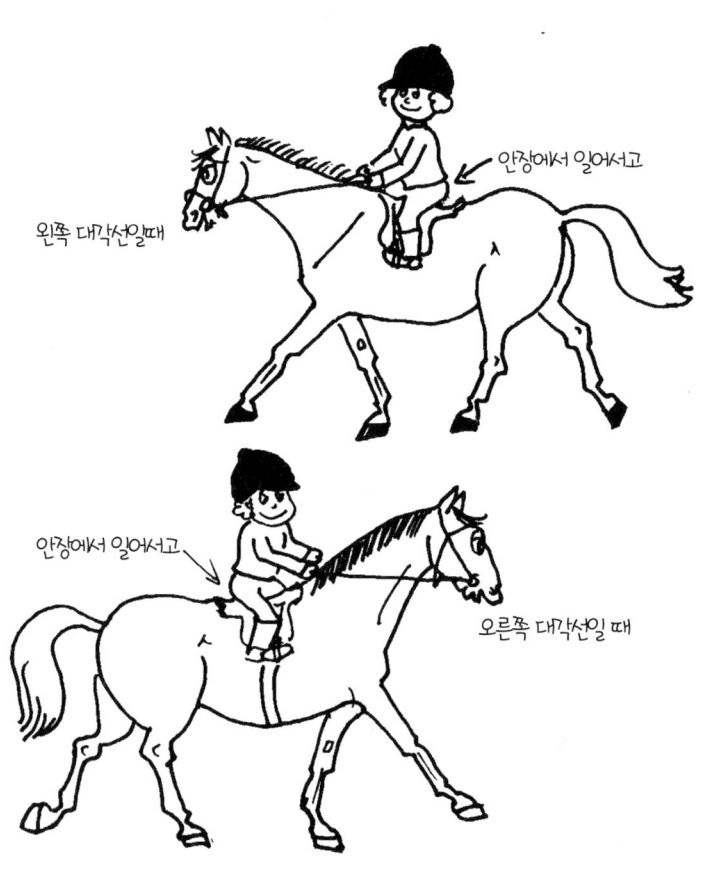

어느 측 경속보로 반동을 받고 있는지를 말할 수 있기 위해서는 말의 어깨뼈 중의 하나가 앞뒤로 움직이는 것을 보면 됩니다. 당신이 보는 말의 어깨뼈가 앞으로 움직일 때 안장에서 일어나고 제자리로 돌아올 때 앉게 되면 당신은 그쪽 경속보로 반동을 받게 될 것입니다. 만약 반동을 바꾸고 싶다면 경속보중 안장에 앉게 될 때 바로 일어나지 않고 추가적으로 한걸음을 더 앉고 다음 걸음에서 속보 반동을 받기위해 몸을 일으키면 됩니다.

원을 그리거나 방향을 바꾸기 위해 선회를 할 때는 말의 앞다리가 항상 원의 바깥쪽에 있는 다리를 기준으로 반동을 받아 주어야 합니다. 이렇게 하면 말은 뒷다리를 이용하여 승마자의 반동 받는 것을 용의하게 할 것입니다.

원을 돌때 승마자가 정확한 반동을 받고 있으면 말도 승마자의 체중을 더 쉽게 유지할 수 있게 됩니다.

말을 탈때 어떠한 상황에서도 (외승길, 오솔길 또는 야외의 내리막에서) 때때로 반동을 바꾸어 주는 것은 말의 등 근육을 균등하게 사용할 수 있게 하므로 좋은 생각이라 하겠습니다.

　다리의 부조를 사용하기 위해서 안장에 앉을 때 말의 속도를 유지 하거나 증가 시키기 위해 동시에 양쪽 다리를 조여주면 되고, 다시 일어설 때에는 말의 걸음이 앞쪽으로 증가 되도록 합니다.

　속보에서 평보로 다시 변환할 준비가 되면 먼저 경속보에서 좌 속보로 자세를 바꾸어줍니다.

기좌를 적당히 조이면서 복대 끈 근처에 다리를 조용히 유지 시키는 것으로 승마자의 체중을 평보에서의 균형을 잡기 위한 위치로 되돌릴 수 있게 됩니다.
속도를 줄이기 위해 고삐를 주먹으로 당기고 다시 풀어주는 압력을 가하기 전에 승마자의 음성 부조를 쓰는 것을 기억하세요.

말이 평보로 걷게 됨에 따라 평보의 걸음에 맞는 연결을 계속하기 위해 말이 목을 뻗는 만큼 다시 고삐를 약간 길게 해주도록 합니다.

　승마자는 자세 잡는 것을 배우는 것이 스케이트를 배우거나 자전거를 타는 것과 같다는 것을 알게 될 것입니다. 처음에는 아주 어렵게 보일런지도 모르지만 지속해서 노력 한다면 아주 빨리 배울 수 있습니다.
　그러면 자세 잡는 것에 대해 많이 생각하지 않아도 나중에는 쉽게 자세를 잡을 수 있게 될 것입니다.

말을 후퇴 시키는 방법 (뒷걸음)

말의 후퇴를 쉽게 하기 위해서는 먼저 똑바로 서서 말의 네다리가 모두 직사각형으로 서야만 합니다.

말은 속보에서 사용하는 걸음의 순서와 같은 대각선상의 다리 움직임으로 후퇴 합니다. 왼쪽 뒷다리가 말을 앞으로도 미는 동시에 오른쪽 앞다리도 걸음을 옮깁니다. 그리고 나서 오른쪽 뒷다리가 다음 걸음을 위해 앞으로 밀어주면 그와 일치해서 왼쪽 앞다리가 움직이게 됩니다.

　후퇴를 시키기 위해서는 먼저 그 동작으로 말을 움직이기에 적합한 자세로 앉아야 합니다. 그리고 나서 승마자가 해야 할 것은 다리와 체중 부조로 말을 후퇴 동작을 유도하는 것인데, 그 이전에 말이 앞으로 가려는 상태에서 고삐에 긴장을 증가 시키고 대신 뒤쪽으로 가는 것을 지시 하여 이러한 전진 동작을 방해하는 상태가 되어야 합니다. 다른 표현으로는, 승마자의 양쪽 다리로 균등하게 압력을 가해 말의 추진력을 일으키는 동안 주먹으로는 말의 전진력을 이용하여 말을 뒤로 가게 하는 것입니다.

 직선상에서 말은 언제든지 뒤쪽으로 후퇴할 수 있습니다. 후퇴할 때 말의 엉덩이가 오른쪽으로 틀어지면 말의 엉덩이를 직선으로 되돌리기 위한 압박을 가하기 위해 복대 뒤쪽으로 당신의 오른쪽다리를 옮겨 사용합니다.
 말의 엉덩이가 왼쪽으로 움직이면 승마자의 왼쪽 다리가 이와 같은 방법으로 말을 똑바르게 하여야 합니다.

말은 다리를 땅 바닥에 질질 끌지 않고 뚜렷한 걸음으로 후퇴를 할 수 있습니다. 말을 후퇴 시킬 때 절대로 말의 입을 당기는 것만으로 후퇴를 시키려 하지 말 것!

처음 후퇴를 연습 할 때는 한발 혹은 두발 정도만 시도 해보는 것이 가장 좋습니다. 말의 다리가 직사각형으로 정지되어 있다면 또한 쉽게 앞쪽으로도 전진할 수 있습니다.

9. 구보의 방법

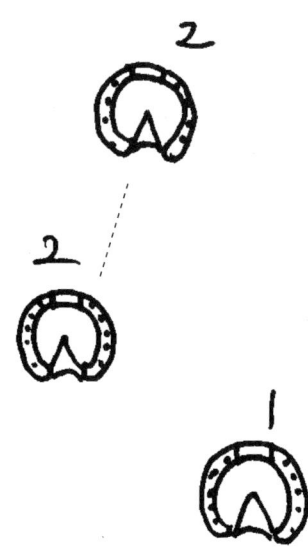

말은 자연스런 걸음걸이인 구보(Canter)라는 보법이 있습니다. 구보는 3절도의 걸음걸이로 다음과 같은 순서로 움직이게 됩니다.

한쪽의 뒷다리로 걸음을 시작하여, 같은 방향의 앞다리와 다른 뒷다리를 동시에 이용하여 다음 걸음을, 나머지 앞다리를 이용하여 3번째 걸음을 걷게 됩니다.

그리고 나서 처음 땅을 딛고 출발했던 뒷다리를 이용하여 반복적인 방법으로 움직이게 됩니다.

예를 든다면 …

　(1)왼쪽 뒷다리, 한쪽 다리만을 이용하여 말을 앞으로 나아가게 합니다. (2)오른쪽 뒷다리와 왼쪽 앞다리를 함께 말의 체중을 앞으로 가도록 유지해 주며..........(3)오른쪽 앞다리가 지면을 밟고 다시 떨어지면서 말의 체중을 공중에 띄워준 다음 다시..(1)왼쪽 뒷다리 식으로 반복하게 됩니다.

　구보의 움직임에서 앞다리는 항상 한쪽 다리만을 사용 하는 것을 알 수가 있고 (3)번의 움직임을 선행 앞다리라고 하는데 마지막으로 지면을 닿는 앞다리를 기준으로 우리들은 우측 구보, 또는 좌측 구보라고 합니다.

　말이 원운동으로 구보 운동을 할 때 원의 중심축(안쪽)쪽의 앞다리가 선행이 되어야 말의 밸런스를 쉽게 유지할 수 있습니다.

선천적으로, 말은 구보를 할 때 똑바로 몸을 유지할 수 없습니다. 말은 약간 비스듬하게 행진을 하는데 사람들이 가볍게 줄넘기를 할 때와 같습니다.

선행 구보를 하는 방향의 어깨와 엉덩이가 다른 쪽 방향의 어깨, 엉덩이 보다 약간 앞쪽에 위치합니다. 말의 머리도 행진하는 방향으로 약간 틀어지게 되며 엉덩이와 뒷다리는 현저하게 진행 방향으로 향하게 됩니다.

이러한 움직임은 말을 앞으로 진행 시키면서도 연속적인 도약적인 걸음걸이를 유도하게 하는데 승마자는 이러한 구보의 움직임에 어렵지 않게 밸런스를 유지하는 법을 배우게 될 것입니다.

구보의 움직임은 승마자가 승마를 할때 매우 편안하게 하고 즐겁게 하며 말의 걸음걸이 중 가장 율동적인 움직임 이라는 것을 알게 될 것입니다.

말은 아주 쉽게 속보에서 구보로의 속도 변환이 용이합니다. 우리는 방목장에서 말들이 자유롭게 다니면서 걸음을 쉽게 바꾸는 것을 관찰할 수 있습니다.

… 그러나, 승마자가 승마를 하고 속보에서 빠른 속보로-또 빠른 속보로 속도를 주면서 구보로 걸음걸이를 바꿀려면 쉽사리 성공하기가 어렵다는 것을 느끼게 됩니다.

승마를 할 때 승마자는 정확하게 말을 조정하며 원하는 속도와 원하는 방향의 구보로 출발을 하기 원할 것입니다. 이러한 정확한 구보로의 출발을 원한다면 말을 정지 시킨 상태 에서나 평보로 걷고 있을 때 실시 하는 것이 속보를 하고 있는 상태보다 쉽습니다.

말이 구보로 출발 하려할 때 어느 쪽 다리를 이용하여 구보로 출발 하는가는 매우 조종하기 어렵습니다. 또한 속보에서 구보로 출발을 시킬 때 속도가 빨라야 하므로 당황 하게 되고 빨라지는 말에 의지하기 때문에 말의 앞다리에 체중이 실려 말과 사람 모두 밸런스를 잃기 쉽습니다. 이러한 모든 것을 세련되지 않은, 만족스럽지 못한 구보로의 출발 이라고 할 수 있습니다.

구보로 출발 시키는 방법을 배울 때 속보로 출발해서 구보로 발진 시키는 것이 필요 할 수도 있습니다. 그러나 승마자는 연습을 통해서 정지로부터, 평보로부터 구보로 발진 하는 방법을 습득하게 될 것이며 더 나아가 언제, 어디서든지 어떻게 구보로 출발할 수 있는지를 배우게 될 것입니다.

말이 구보를 할 때의 걸음이 가장 쉽게 혹은 편하면서 제대로 튀어 오르기 위해서는 먼저 무언가 "수축된"것이 있어야 합니다. 말이 수축이 되면 말의 발전기(Hindquater)는 힘으로 충전 되어있고 말의 입은 승마자의 손에 기꺼이 반응하면서 이완되어 있기 때문에 최소한의 노력으로 말의 몸을 움직일 수 있습니다.

말이 방목장에서 자유로이 있을 때 자연스럽게 수축 되어있는 모습을 간혹 볼 수 있을 런지도 모릅니다. 말의 뒤쪽 몸뚱이 부분은 여분의 힘으로 가득 찬 것처럼 보이게 되는데 말의 뒤쪽 몸뚱이 부분은 약간 낮고 뒷다리들은 마체 아래에 잘 들어와 있으며 평상시보다 뒤쪽 몸뚱이 부분에 체중을 더 싣게 됩니다. 말의 머리는 올라가고 목은 약간 활처럼 휘며 앞다리는 간신히 땅을 치는 것처럼 보이고 앞쪽 몸뚱이 부분은 아주 가벼워지게 됩니다. 이렇게 수축된 상황에서 말은 어떠한 박자로도 쉽고 신속하게 움직일 수 있습니다.

말이 수축 되었을 때, 뒤쪽 몸뚱이 부분(Hindquaters)은 더 많은 힘을 갖게 되고 앞쪽 몸뚱이 부분(Forehand)은 움직임에 더 많은 자유를 얻을 수 있습니다. 마체는 감겨진 스프링처럼 약간 짧아집니다. 그리고 그 스프링이 풀릴 때 말은 아주 쉽게 앞으로 튕겨나갈 수 있는 것입니다.

말을 수축시키기 위해서 승마자는 말이 구보를 하려는 순간이 될 때까지 달아나려는 힘을 주먹으로 다시 잡아당기는 동안 말의 발전기를 힘으로 가득 채우기 위해 필요한 압력을 적용하는 다리가 필요하게 될 것입니다.

이런 주행력에는 통제를 유지하고 말의 뒤쪽 몸뚱이 부분을 약간 낮추면서 마체 아래에서 비절이 더 멀리 앞쪽으로 움직이도록 하는 경향이 있습니다.

말의 체중을 뒤쪽 몸뚱이 부분쪽으로 좀 더 이동시킴에 따라 앞쪽 몸뚱이 부분능 가벼워지고 입은 약간의 고삐의 압력에도 정수리 부분이 이완되거나 구부러지면서 머리와 목이 고양됩니다. (말의 정확한 아래턱의 위치는 귀 뒤쪽 정수리 부분에 있습니다. 이 부분의 근육이 편안해지면 승마자의 주먹에 느껴지는 감이 좋게 되는데 이러한 느낌을 턱의 유연성 이라고 합니다.)

다리의 사용으로 말의 발전기를 힘으로 가득 채워 놓았을 때 복대 뒤쪽에서 단호하게 압력을 가하면 승마자의 손이 속보로 떨어지려는 것을 막기 위해 잡는 것에도 불구하고 말은 더 빠른 박자로 전진하고 싶어 합니다. 그러면 이러한 전진 주행력은 말의 앞쪽 몸뚱이 부분이 승마자의 손에 매우 가볍게 느껴질 때 까지 머리와 목을 올리게 될 것입니다. - 그리고 말이 힘들이지 않고 구보로 출발할 수 있다는 것을 알게 될 것입니다.

구보로 걸음이 바뀌는 그 시점을 말이 구보로의 발진 이라고 합니다. 말을 구보로 보낼 준비가 되면 다음의 것들은 승마자가 하게 될 준비들 입니다.

먼저 모든 보조나 방향 혹은 걸음을 변화시키기 전에 항상 그랬듯이 안장에 기좌를 조이면서 앉습니다.

말이 구보를 하면 말의 목은 약간 올라갈 것이고 목은 평보 시 균형을 잡고 있던 위치에서 더 짧아질 것입니다. 그러므로 적합한 연결을 유지하기 위해서 승마자는 말이 구보로 출발하기 전에 고삐 길이를 다시 조정해서 잡아야 합니다.

이렇게 말의 목과 머리를 들어 올리어지는 것은 승마자의 다리 부조의 압력에 의해 생겨난 말의 뒤쪽 몸뚱이 부분의 추진력에서 비롯됩니다.

"주먹으로 말 머리를 위로 당겨 올리려고 하지 말 것!
　　추진력에 의해서 머리가 올라가도록 하여야 합니다."

승마자의 상체 자세는 말이 구보로의 출발을 시작 할 때 변화가 없이 일정하게 앉아 있어야 합니다. 말이 구보로 출발할 때 어깨를 포함한 말의 앞부분이 어떠한 움직임에도 자유스러워야 하는데, 구보로의 출발을 시도할 때 첫발을 탄력 있는 걸음으로 가볍게 들어 올려야 하기 때문입니다.

 만약 말이 구보를 시작 하려고 할 때 승마자의 상체가 말의 어깨 쪽에 기울어져 있으면 (아마 많은 승마자 들의 실수를 쉽게 발견할 수 있을 것이지만!) 이러한 동작은 말의 어깨에다 무거운 짐을 지우게 하는 것과 같으며 말이 쉽게 구보로 출발하지 못하게 할 것입니다. 말이 구보를 출발 하려 할 때에는 기승자의 자세는 안장에 수직으로 똑바로 앉아 있어야 한다.

 승마자의 주먹과 다리는 항상 함께 조화를 이루는 동작을 통하여 구보로 출발 하도록 조절 하여야 합니다.

만약 우측 구보로 출발을 한다면, 승마자의 좌측 다리를 약간 뒤로 빼면서 말의 옆구리를 압박 하는 동안 우측 다리는 복대 끈이 있는 약간의 앞쪽에 위치하도록 하여야 합니다. 이러한 동작을 취할 때 말의 몸의 균형은 오른쪽 뒷다리에 체중을 싣게 되고 왼쪽의 뒷다리는 몸무게로 부터 자유롭게 되어 우측 구보로 출발하게 됩니다. 승마자의 우측 주먹으로는 말의 머리를 약간 오른쪽으로 구부러지게 하고 즉시 고삐에 전달된 긴장을 풀어주어 저장 되어있는 힘이 해방 되면서 탄력 있는 구보의 첫걸음이 되도록 하여야 합니다.

처음 구보로의 출발을 연습 할 때 에는 어느 쪽 구보이든 원하는 구보 방향으로 원을 돌며 실시하는 게 좋습니다.

말의 몸이 원을 돌때나 코너(Corner)를 돌아가는 순간 휘어져 있을 때 구보로 출발을 시키면 훨씬 쉽게 목적을 달성하게 됩니다. 이때 말의 몸은 구보를 하기 위한 좋은 자세를 취하게 되기 때문입니다.

구보를 하게 되면 승마하기 쉽고 편한 운동 이라는 것을 알게 됩니다. 승마자는 앉아있는 상태가 평보를 하는 것과 같으며, 다리와 기좌는 정상적인 위치에 놓이도록 하며 상체의 자세까지도 구보의 걸음 에서는 아름답게 창출할 수 있습니다. 구보를 하는 동안 승마자는 경속보를 할 때처럼 일어났다 앉는 행동을 하여서는 안 됩니다. (가끔 다른 승마자들이 기승 하는 동안 이러한 실수를 하는데 이것은 아주 나쁜 종류의 실수이기도 합니다.)

탄력 있는 걸음의 구보로 말이 움직이게 되면 마치 그네를 타고 있는 듯이 감동을 받게 됩니다. 그네를 타는 것 같은 느낌으로 허리를 이용하여 한 걸음 한 걸음 앞으로 전진 하게 하면 됩니다. 이러한 조화로운 동작은 또한 승마자의 중심을 잃지 않도록 하여 주며 계속 전진하게 할 것입니다.

 승마자의 다리(종아리)는 구보를 시작 하거나 구보의 속도를 빨리 하려할때 양쪽 다리를 이용하여 압박을 가해주는 동작을 해야 합니다. 이 압박 동작은 땅의 지면에서 정 구보(정상 방향으로의 구보) 방향의 앞다리가 땅에서 발을 띄우는 순간이나, 말의 뒷다리가 다음 걸음을 하기 위해 지면을 밟을때 조작을 하여야 합니다. (이러한 조작을 하는 순간 포착도 많은 연습을 하여야 합니다)
 승마자의 주먹은 말이 구보를 하는 동안 말이 자신의 균형을 잡기위해 머리와 목이 위아래로 움직이는 동작에 따라서 함께 움직여 주어야 합니다.
 승마자의 체중은 일치된 조화를 이루며 체중이 뒤로 처지지 않도록 하여야 합니다. 이러한 동작은 매우 천천히 진행하는 속보 시, 또는 빠른 속도의 속보 시 그리고 그 중간의 어떠한 속도 에서도 적용 되어야 합니다.
 구보로 진행 중 속도를(걸음을) 줄이거나 속보, 평보로 변환 시 승마자가 사용하는 조작(부조) 방법은 다른 운동에서처럼 속도를 줄이는 조작 방법과 같이 동일하여야 합니다.
 종아리를 가볍게 밀착 시키고 다리의 위치는 복대 끈의 약간 뒤에 오게 하며 승마자의 상체의 중심은 다른 운동을 하기위한 적당한 위치로 고정 시켜야 합니다.
 음성을 조용하게 이용하고 주먹을 사용하면서 여러 가지 방법의(다리, 체중, 주먹) 조작을 함께 이용하여 제압과 양보를 반복 하여야 합니다.

처음 말을 탔을 때 말을 평보로 움직이게 하기 위하여 승마자의 몸을 전혀 다른 방식으로 움직여야 한다는 것을 느꼈을 것이고 또한 그러한 방법이 매우 어렵게 느껴질 수 있습니다. 처음 승마를 하기 시작할 때 말을 잘 다루기 위해서는 평보 운동 중에 정지 또는 회전을, 속도의 일정함과 속도의 변화를 주며 운동을 하면 말을 다루는 부조 사용을 빨리 익히게 되며 정확한 부조의 사용과 말을 완전하게 장악하는 방법을 배우게 됩니다.

평보에서 속보로의 변환 시에도 평보로의 방법과 매우 동일하며 평보에서 속보로의 걸음걸이 변환은 결코 어렵게 배우는 과목이 아닙니다.

구보로의 출발은 조금 어려운 과목 중의 하나입니다. 왜냐하면 부조의 사용을 정확하고도 필요한 시기를 정확하게 맞추어 사용 하여야 성공 할 수 있기 때문입니다. 정확한 구보의 출발을 못하였다고 용기를 잃을 필요는 없습니다. 만약 각종 부조를 정확하게 사용 하였다고 생각 하는데도 구보로 출발을 하지 않고 빠른 속보가 되었다면 무엇이 잘못 되었는지 점검을 하도록 합니다.

구보로의 출발은 마치 빵을 굽는 것과 동일합니다. 빵을 만들기 위한 모든 재료는 반드시 준비 되어야 하고 빵을 반죽하기 전에 정확한 양을 포함 하여야 합니다. 같은 방법으로, 승마자가 정확한 구보로의 출발을 원한다면 정확한 재료 즉, 고삐, 다리, 체중 등의 부조를 적절하게 사용 하여야 하고 부조의 강약에 대한 사용 뿐 만이 아니라 시기를 정확히 알고 행하여야 합니다.

구보발진을 성공시키기 위한 처방

말의 뒷다리 부분의 엔진에 얼마나 힘이 있는지는 전혀 관계가 없으며 승마자가 고삐를 잡은 손을 말에게 빼앗겨 속보로 하게끔 허용한다든지, 말의 머리와 목을 아래로 축 처지게 한다든지, 올바른 위치의 부조 사용 부분에 사용치 않을 경우 말은 구보로의 출발을 하지 않을 것입니다.

말의 머리와 목이 전진을 용이하게끔 위로 올려져있다 하여도 충분한 전진력이 없다면 이 또한 구보로의 출발이 어렵게 됩니다.

이러한 모든 동작은 노력이 요구되며, 연습과 인내력을 가지고 어떻게 하면 적당한 속도와 말의 자세를 알맞게 유지하며 정확한 구보로의 출발이 될 것인가를 연구 하여야 하며, 구보로의 성공적인 출발을 하기 위해서는 계속 반복하여 훈련을 하면 출발 법에 대한 느낌을 받을 수 있을 것입니다.

구보의 방법은 승마자가 원하는 장소, 어느 쪽 구보로의 출발이든 말과 사람의 균형이 함께 어우러지며 아마도 어렵지 않게 배울 수 있을 것입니다.

 말의 신체 구조는 말의 코의 위치를 작용하지 않고는 걸음을 변화 시킬 수 가 없도록 되어 있습니다. 만약 말의 머리를 높이 쳐들게 하고 목을 짧게 조종 하여 준다면 걸음걸이도 그에 따라 짧게 될 것이며 이러한 걸음걸이를 수축이 된 상태 라고도 합니다.
 또한 말의 뒷다리에 강한 추진력을 주면서도 머리와 목을 높이 하도록 한다면 말은 걸음을 넓혀 갈수가 없게 됩니다. 말의 머리와 목을 앞으로 뻗게 해준다면 아마 말은 최대한의 보폭을 유지하며 구보로 행진 할 수 있을 것입니다.

말의 가장 빠른 걸음걸이는 습보(Gallop)라고 하는데, 구보 걸음의 보폭을 최대한으로 늘리는 걸음입니다. 말의 다리는 항상 같은 순서대로 움직이지만, 말의 엉덩이 부위로 부터 엄청난 전진 운동이 일어나게 되면 말의 네 다리가 지면에서 떨어졌을 때 순간적으로 공중에 떠있게 되는 동작(Suspension)이 일어납니다. 말은 습보를 할 때 가능한 최대한의 보폭으로 달려가려고 합니다. 말의 머리와 목은 최대한 길게 뻗게 되고, 가능하면 말의 걸음걸이는 최장의 길이로 늘어나게 합니다. 말의 앞다리는 앞쪽 먼 곳을 딛으려고 노력하고, 추진을 하게 되는 뒷다리는 율동적으로 움직이며 훨씬 앞쪽으로 나아가게 합니다.

말이 습보로 움직일 때, 승마자의 체중은 앞쪽으로 잘 이동하여야 하고 말의 입에 강한 연결을 유지해야 합니다. 말은 습보로 달릴 때 통제하기가 어려운데 (말의 머리와 코를 세차게 앞으로 내밀며 돌진하기 때문에) 승마자가 달리기 경쟁을 하지 않는 한, 빨리 가야하는 충분한 이유는 될 수 없으므로, 정상적인 구보만을 하는 것을 강력하게 추천해 드립니다.

장애물 비월

구보를 잘하기까지는 왜 장애물을 뛰어넘기 위해 어떻게 말을 타고 장애물을 뛰어넘게 하는지 구보를 잘해야 하는 많은 이유가 될 것입니다.

숲속에서 말을 탈 때 부러진 통나무들 때문에 피하기 어려운 상황에 직면할 수 있습니다. 여우사냥(Fox hunting)을 갈 때에는 말은 사냥개를 따라 가야하기 때문에 울타리를 뛰어넘을 필요도 있습니다. 포니클럽 랠리(Pony club rally) 경기에서는 승마경기장에 설치 되어있는 장애물과 숲속에 설치 되어있는 장애물들을 비월을 할 수 있습니다. 그리고 - 만약 전문가가 될 수 있다면 - 승마경기(Horse show)에서의 장애물 출전도 할 수 있게 됩니다!

그래서 승마자는 말이 장애물을 비월하는 동안 말을 방해하지 않고 어떻게 도울 수 있는지, 또한 말의 등에서 어떻게 안심할 수 있는지를 배우길 원합니다.

장애물 비월에 대해서 이야기할 때, 우리는 접근, 도약, 비월과 착지 이 네 가지 과정으로 분리 할 수 있습니다.

접근(Approach)은 준비하는 과정입니다. 거리는 말이 뛰어 넘어야 하는 장애물 종류의 넓이와 높이에 의해 결정이 됩니다. 장애물 비월에 가장 적합하도록 접근하기 위해 충분한 경험을 가질 때까지, 최소한 열 번 이상 말의 보폭을 이해해야 합니다. 중요한 것은 장애물의 한 가운데로 말의 몸을 머리로부터 꼬리까지 똑바로 가도록 하여야 한다는 것입니다(말의 몸은 일직선으로 정확하게 배열 되었을 때 진직이 되었다고 말합니다). 또한 승마자는 말의 양귀 사이로 정면을 바라보며 장애물의 중앙을 보는 것이 중요합니다.

사실, 장애물을 뛰어 넘을 때 말은 탄력이 있는 최대한의 높고 넓은 구보의 걸음을 하게 됩니다. 그리고 장애물을 뛰어넘기 위해 구보를 위해서는 승마자는 안장에 안정되게 앉아있어야 하고 고삐는 짧게 잡아야 한다는 것을 배우게 됩니다. 말은 발전기에서 생성된 에너지를 승마자의 주먹에 의해서 수축되어지는데; 말의 머리와 목은 높게 위치하게 되고 말의 앞쪽 몸통이 부분은 가벼워집니다. 마치 구보를 위해 준비하는 것과 같습니다.

말은 장애물을 비월하기 위해 속도는 필요하지 않습니다, 하지만 비월하기 전 말의 발전기를 움직이기 위한 에너지는 필요합니다, 그래서 말은 뛰어 오를 수 있습니다. 이 에너지는 장애물에 접근할 때까지 침착하고, 균등하게, 속도를 조종하여야 하고, 승마자는 앞에 장애물이 없는 것처럼 똑같은 걸음걸이와 보법으로 앉아 있어야 합니다.

장애물에 가까워지면, 몇 걸음 전에서, 승마자는 말이 도약(Take off)을 준비하려는 것을 느끼게 됩니다. 도약은 말이 지면을 박차고 뛰어 오르는 것을 의미합니다. 말의 머리와 목은 보다 앞으로 뻗어 스스로 균형을 잡으려고 준비하고 승마자의 주먹은 유연한 팔과 함께 말이 균형을 잡기위해 움직이는 동작에 따라 양보를 해주어야 합니다. 이것은 장애물에 접근 하는 동안 말의 엉덩이 부분으로부터 만들어진 힘으로부터 자유로울 것이고, 장애물을 비월하기 위한 탄력을 준비하고 있어야 합니다. 말이 장애물을 비월하기 위해 도약할 때, 승마자의 어깨와 상체는 앞쪽으로 위치하여야 하고 승마자의 주먹은 말이 균형을 잡기 위해 머리와 목을 뻗는 동작에 따라가도록 합니다. 승마자의 체중도 앞쪽으로 잘 따라가도록 하여야 합니다.

장애물 위를 비월하고 있을 때, 승마자의 손은 계속해서 말의 상체의 균형을 위해 따라가야 하고 승마자의 상체도 그에 부응해서 움직입니다.

착지할 때, 말은 자신의 걸음걸이로 돌아가기 위해 머리와 목을 일으켜 세웁니다. 승마자의 몸도 다시 정자세로 되돌아갑니다. 승마자는 말과의 연결을 계속하고, 장애물로부터 똑바로 곧장 멀어지고, 다시 말을 수축하게 됩니다.

처음 연습을 할 때에는 땅위에 횡목을 일정한 거리로 깔아놓고 연습을 합니다. 말은 장애물을 뛰어넘지 않고 평보나 속보로 걸어갈 수 있는데, 이러한 방법은 승마자로 하여금 완벽한 접근법을 아무 걱정 없이 할 수 있습니다. 또한 승마자는 횡목을 똑바로 지나가는 연습도 할 수 있습니다.

땅바닥에 깔려있는 횡목을 아주 조금씩 올려주어 말이 작은 힘으로 뛰어넘게 해줍니다.(이렇게 낮은 높이로 준비해주는 횡목을 카발레띠(Cavaletti)라고 합니다).

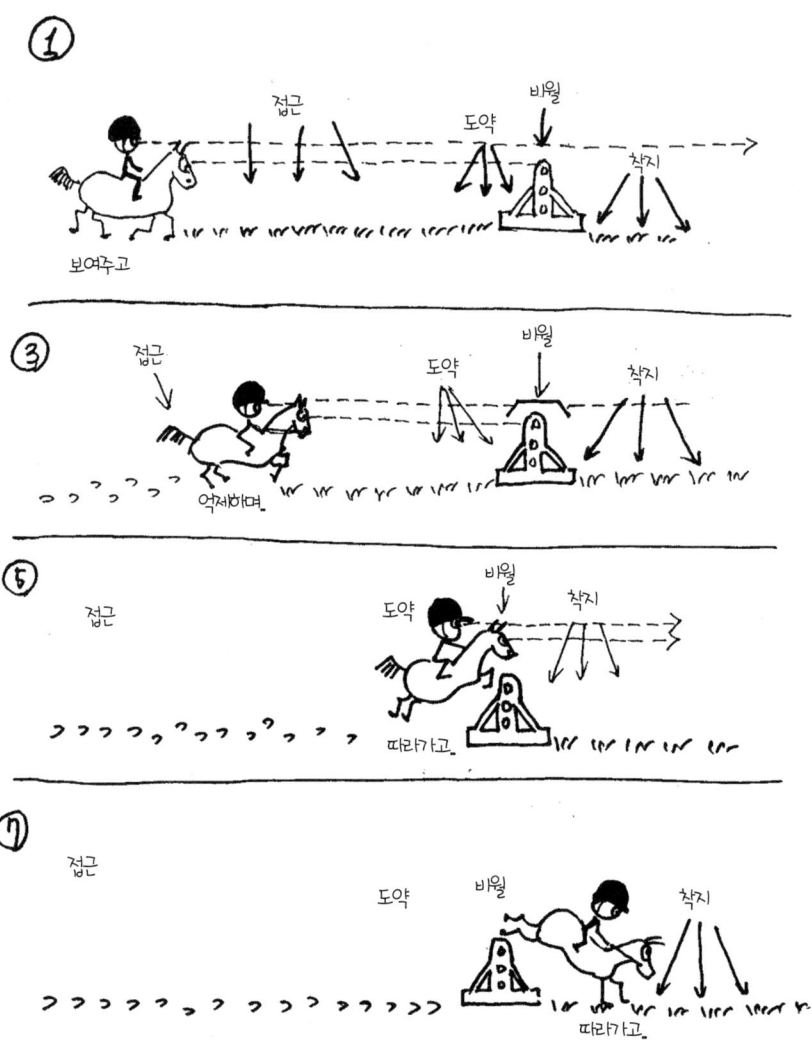

먼저, 승마자는 말과 함께 균형을 유지할 수 있고 장애물 비월의 감각이 사용되어질 때 까지, 말 입을 끌어당기는 것을 예방하기 위해 승마자의 손가락을 이용하여 말의 갈기털을 잡을 수 있습니다.

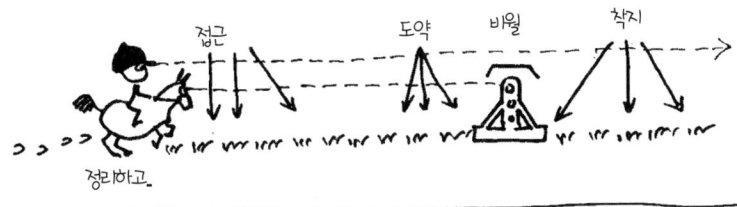

　말은 연습에 사용할 수 있는 좋은 걸음걸이인 속보로 거의 모든 작은 장애물을 비월 할 수 있습니다. 그럼에도 불구하고, 말이 구보 걸음걸이로 비월할 때 훨씬 쉽다는 것을 알게 됩니다. 구보는 장애물을 비월할 때 보이는 탄력 있는 자연스런 걸음이기 때문 입니다.

만약 이 방법을 따라서 장애물 비월을 한다면, 말을 잘 통제할 수 있을 것이고 언제나 당신이 필요할 때 부조를 사용할 수 있을 것입니다. 말과 함께 장애물을 비월 할 때 승마자는 말의 등에 균형을 유지한 상태로 안정되게 위치하여야 합니다.

성공적인 장애물 비월을 위해 하지 말아야 하는 것을 따라야 합니다.(유감스럽게도, 장애물 비월 시에 많은 것들을 생각하는 선수들을 볼 것입니다, 하지만 불쌍하게도 말들은 그들의 도움은커녕, 방해로 인해 괴로운 비월이 될 것입니다.)

장애물을 비월할 때 똑바로 가지 못하고 옆걸음으로 접근하지 말 것! 말 스스로도 어떻게 할 수 없습니다!

장애물을 비월할 때 어떠한 경우라도 아래를 보지 마세요. 승마자의(그리고 말 또한) 균형을 잃어버리게 됩니다.

장애물로 경주하듯 빠르게 달려가지 않도록 하세요. 말의 힘은 뛰어오르려는 탄력을 잃고 소모될 것입니다.

정확하게 수축되지 않은 상태로 장애물에 접근하지 않도록 하세요! 말의 머리는 아래로 처져있게 되고 뒷다리는 질질 끌려가서 장애물을 뛰기 위한 자세를 유지할 수가 없습니다.

말과 함께 준비되기 전까지는 장애물을 미리 넘으려고 하지 말 것! 공중에서 말의 목에 기어오르듯 상체를 미리 앞으로 내민다면 승마자는 정확한 부조를 사용하여 말을 조종하거나 말의 움직임에 도움을 줄 수 없게 됩니다. 그러므로 그냥 말의 움직임에 따라가도록 하고 말이 도약을 시작할 때 말과 함께 하도록 합니다.

말이 장애물을 넘기 위한 도약을 시작할 때, 고삐를 느슨하게 하여 연결을 끊어버리고 말의 목 위로 손을 밀치거나 갑자기 승마자의 어깨를 앞으로 이동하지 않도록 하세요. 탄탄한 고삐의 연결에서 느슨한 고삐로 바꾸는 것은 말이 균형을 완벽하게 잡는데 충분하지 않습니다! 말이 머리와 목에 자유를 달라고 요구할 때 자유를 주도록 하세요.

장애물의 맨 윗부분에서 말의 옆구리를 다리로 두드리면서 장애물을 비월하는 마지막 순간에 말에게 속도를 내지 않도록 하세요. 만약 말의 엔진이 멈추었다면 그때는 이미 늦었고 말의 균형을 더 나쁘게 만들뿐입니다. 말에게 강한 힘을 필요로 할 때는 말이 장애물에 접근하기 전이고, 장애물 도약을 위해 필요하다고 느껴질 때까지 기다리고 있으면 됩니다. 말이 마지막 순간에 도움이 필요하다고 느껴질 때 승마자의 양쪽 다리로 박차를 가하지 말고 강하게 압박하여 도와주면 됩니다.

말이 장애물 비월을 완료하기 전까지 승마자의 체중을 말의 등에 떨어뜨리며 비월 동작을 완료하지 마세요.

이런 동작은 장애물 위에 말의 엉덩이 부위를 떨어지게 할 수도 있습니다. 승마자의 체중을 앞쪽으로 숙여서 말이 장애물을 뛰어넘고 최소한 한걸음 정도 지난 다음까지 유지해 주어야 합니다. 장애물로부터 똑바로 지나가고, 다시 수축되어 질 때 까지 장애물 비월은 마무리 되지 않았다는 것을 기억하여야 합니다.

연습을 할 때는 한 개만의 장애물을 사용하지 마세요. 말이나 승마자는 여러 가지 장애물로부터 보다 많은 효과를 기대할 수 있습니다. 말은 여러 종류의 장애물로 연습을 하면 지루해하지도 않을 뿐 아니라 부주의한 비월이 될 가능성이 없을 것입니다. 승마자는 한 장애물에서 다음 장애물을 비월할 때 자신이 장애물을 넘는 것처럼 방심하지 않고 활발함을 유지하여야 합니다.

10. 최명진의 승마 Essay

승마가 어려운 이유

승마는 쉬운 것 같으면서도 참 어려운 운동입니다.
말이 전부 각각 살아있는 생명체이다 보니 과학적인 방법으로의 접근이 어렵습니다.
어떤 이는 말을 탈 때 이런 방법으로 하라고 알려줍니다.
그런데 그 방법은 될 수도 있고 안 될 수도 있습니다.
조언을 해주는 사람이나, 배움을 요청하는 사람이나, 다같이 "승마기술에 정석이란 없다" 는 문구를 마음속에 세기고 있어야 합니다.
지도를 해주는 사람과 배움을 받는 사람이 똑같은 신체조건을 가지고 태어날 수 가 없습니다.
왜냐하면 인간은 똑같은 체형을 가지고 태어날 수가 없기 때문 입니다.
혹시라도 체형이 똑같다면 긴장하는 마음까지도 같을 수는 없겠지요?
그렇기 때문에 지도를 해주는 사람이 기승할 때 적용되는 부조(주먹, 다리, 체중, 신체의 긴장정도 등)를 정확하게 배움을 받아야 할 사람에게 전달해주지 않는 이상 그 교육이 배움을 받아야 할 사람에게 100% 전달이 되었다고는 할 수가 없습니다.
승마지도를 하는 사람 자신의 경험에 의해서 단지 어떻게 하면 되는지 또는 되었는지를 상대방에게 전달해 주는 것입니다.
그런데, 지도해주는 사람마다 방법이 다 다릅니다.
대체적으로 정석적인 방법을 통해서 교육을 받은 지도자들의 방법이 서로 다른 이유는 방법에 대한 결과는 동일한데 그 과정에서 느낌이 서로 각각 달랐기 때문입니다.
예를 들어 속보를 하는데 갑자기 말이 빨라지면 지도자는 고삐를 당겨서 말을 천천히 가라고 지시 합니다.
얼마만큼의 압력으로 고삐를 잡아당기고, 얼마만큼의 힘으로 종아리를 사용하여야 하는지, 또 얼마만큼의 힘을 허리에 주고 안장에 앉아 있어야 하는지, 등에 대한 정확한 방법은 설명해 주지 않습니다.

　아닙니다…….

　설명을 해주지 않는 것이 아니라 설명을 해줄 수가 없습니다…….

　그 동작이 적용될 수 있을 만큼…….각자가 해야 하기 때문이죠.…….

　어떤 말은 살짝만 고삐를 당겨도 천천히 가고, 어떤 말은 아무리 고삐를 잡아당겨도 속도가 줄지 않습니다.

　그렇기 때문에 승마는 어려운 운동입니다.

　연습해서 안 되면 밤을 새워서라도 연습과 복습을 하여야하는데 승마는 그렇게 할 수도 없습니다.

　그래서

　완벽(Perfect)이라는 단어는 승마에 통용되지 못합니다.

　만족(Satisfied)이라는 단어야말로 승마에서 최고평가에 해당되는 단어입니다.

말도 압니다.

말도…….
상대방이 자기를 좋아하는 사람인지, 아니면 싫어하는 사람인지 구분을 할 줄 압니다.
자기를 귀찮게 하고 학대하는 사람은 어떻게 아는지는 몰라도 말이 정확히 구분을 합니다.
그 사람이 다가오면 귀를 뒤로 붙이고 싫은 표정을 합니다.
자기를 좋아하는 사람도 구분을 하지요.
좋아하는 사람에게는 옆에 와서 자꾸 장난을 칩니다.
보이지는 않더라도 좋아하는 사람의 발자국 소리만 들어도 말은 금방 표정이 달라집니다.
개는 사람과 같이 다니며 항상 예뻐해 줍니다.
수시로 어루만져주고 장난을 쳐주고, 같이 놀아줍니다.
춥지는 않은지, 덥지는 않은지, 몸에 상처가 없는지, 가려운 데는 없는지…….
용변을 어떻게 봤나, 궁금해 하기도 하고 운동 못시켜서 걱정하고, 밥을 안 먹으면 만사를 뒤로하고 수의사에게 달려갑니다.
사실 따지고 보면 개나 말이나 다 애완동물 이고, 단지 말은 덩치가 커서 사람과 항상 생활하지 못할 따름인데 말에게 대접을 잘 못하고 있지요,
말은 거의 24시간……. 어떤 때는 며칠씩 한 번도 밖에 나와 보지도 못하고 마방에만 갇혀 삽니다. 그래도 거의 매일 운동을 하는 주인님을 만난 운 좋은 녀석들은 하루에 겨우 한번 운동할 때 바깥세상을 구경합니다.
개는 밖에서 이리 뛰고 저리 뛰고 깡충거리면 잘한다고, 재미있다고 개를 더 예뻐 해줍니다.

말은 날씨도 좋고 기분이 좋아 좀 깡충거리면 금방 채찍이 날라 오지만 말입니다. ㅎㅎ
말도 놀이가 필요 합니다.
마방에만 갇혀있기 때문에 너무 심심하거든요.
앞으로는 말을 많이 사랑해 주세요…….
운동할 때 말과 함께 있는 짧은 시간이나마 말에게 정성을 다하고 사랑을 해준다면 말도 고마워 할 겁니다.

긍정적인 사고방식

훌륭한 승마인이 되려면…….
긍정적인 생활의 자세가 필수적입니다.
간혹, "노력을 해도 그다지 성과가 없고 실력이 향상되지 않는다."고 괴로워하며 승마를 중도에서 포기하시는 분들도 계십니다.
처음 승마를 시작 하실 때 최고의 것을 기대 하면서도 심리적이나 물질적인 측면에서 생길 수 있는 최악의 사태를 대비한 상태에서 승마 운동을 시작 하신다면 우리들은 결코 당황하지 않을 것이며 우리들의 손으로 최고의 상황을 갖게 될 것입니다.
또한 자기 자신에 대해서 긍정적인 평가를 하는 것이 승마에도 도움이 됩니다.
승마인 자신과 말을 위해서도 승마인의 마음속에서 뚱뚱하다, 말랐다, 서투르다, 허약하다, 균형 잡히지 못했다, 미련하다. 등등의 파괴적인 어구들로 자기 자신을 평가하고 있어서는 안 됩니다.
동전은 양면이 있듯이 우리들은 어느 한 면만을 가지고 그것이 전부라고 말 할 수는 없습니다.
따라서 자신에 대해서 비판하고 거기에 머물러 침울해 있기 보다는 그것에 대해서 오히려 "나는 강하다" "나는 날씬하다" "나는 긴장하지 않는다." "나는 유연하다" "나는 배움에 아직 익숙하지 못하다" 등으로 긍정적인 방향에서 생각하는 편이 훨씬 바람직합니다.
아울러 승마는 하루아침에 완성 되어지는 것이 아닙니다.
비록 우리가 빠른 결과와 즉각적인 결정으로 가득 찬 세상을 살고는 있지만, 우리들 자신이 좋은 승마인이 되고 좋은 운동선수가 되는 것과, 승마인으로서 필요한 신체적, 정신적 발달에는 상당한 시간과 노력이 필요 하다는 것을 계속적으로 상기 하시는 것이 중요 합니다.
어제 운동을 하신 후, 아니면 오늘 운동을 하신 후 부정적인 생각을 조금이라도 품으셨던 분이라면 한번 크게~ 심호흡을 하시고~ 눈을 감고~ 왜 운동이 잘 안되었는지…….복기를 한번 해보세요.
그리고 눈을 뜨시고, 내일 다시 한 번 도전 해보자, 라는 긍정적인 생각을 하신 후 새로운 마음으로 다시 한 번 도전 해보시기 바랍니다.

3권 분립

선거일이네요,
대통령을 누굴 찍을까???? 고민하고 계셨죠?
우리나라는 3권 분립이 명확한가요???
3권 분립 주의를 가장 충실히 그리고 엄격하게 제도화한 것은 미국 헌법이며, 이와는 달리 원칙적으로는 3권을 분립 시키면서 입법권과 행정권의 2권 사이에 권력의 융화를 도모하고 있는 것이 영국의 의원 내각제 입니다.
아무튼……. 대한민국 헌법에 의하면 입법권은 국회에(40조), 행정권은 대통령을 수반으로 하는 정부에(66조), 사법권은 법관으로 구성된 법원(101조)에 속한다고 하여 3권 분립주의를 규정하고 있습니다.
하지만 엄격한 권력분립 제도는 아니고, 행정부가 입법부에 우월 하는 유형에 속할 뿐만 아니라, 입법부와 행정부 사이에 약간의 권력의 융화를 도모하고 있는 상태입니다.
오늘 제가 정치 이야기를 하려는 것은 아니고요.
승마자도 3권 분립을 잘 하여야 된다는 말씀을 드리려고 하는 것입니다.
주먹……. 상체……. 다리……. 부분이 정확하게 분리되어 움직일 줄 아서야 합니다.
3권 분립이 잘 안되시는 분들은 승마를 하실 때 조화롭지 못한 운동을 하시게 됩니다.
운동 중에 코치가 승마자에게 "추진하세요!" 라고 한다면.
승마자는 다음과 같은 동작을 각각 분리해서 하셔야 합니다.
주먹은;
-말 입과 연결은 되어 있으면서도 앞으로 나가는 운동에 방해는 주지 않으면서.
-언제든지 우측이나 좌측으로, 또는 정지 시킬 수 있는 연결 상태가 되어 있어야 하며,
상체는;
-전진하는 말의 어떠한 움직임에도 즉시 따라 갈 수 있도록 긴장하고 있어야 하고,

-승마자의 엉덩이로 느껴지는 말의 움직임에 맞추어 말과 함께 리듬을 맞추며 체중을 이동 시키며.

다리는;
-말의 양 옆구리에 잘 밀착시키고 있으면서 말의 움직임이 느려질 경우 즉시 다리부조를 사용하여 추진 할 수 있는 준비가 되어 있어야 하고,
-말에게 언제든지 추진 할 수 있는 긴장감을 말에게 인식 시켜 주어야 합니다.…….

이중에 한 가지라도 균형이 깨어진다면 말은 불균형하거나 자연스럽지 못한 운동을 하게 됩니다.

여러분도 오늘부터 3권 분립이 완성된 승마를 한번 해보세요.

성감대(性感帶)

 승마를 하다보면 말을 칭찬해 줄 때가 있습니다.
 제일 좋은 부위가 어느 곳 일까요?
 대부분 목덜미를 토닥여 주지요.
 그런데 왜 그럴까요?
 그냥 손이 닿기 편한 위치라서 그럴까요?
 말의 엉덩이, 배, 옆구리도 손이 닿는 위치인데 목덜미를 토닥여 주라고 누가 그랬을까요?
 왜냐하면, 말의 두뇌에서 부터 뒷다리 끝까지 말 전체가 순간적으로 촉감을 느낄 수 있는 위치가 목 부위이기도 하고, 이위치는 말의 뇌에서 뻗어 나가는 신경들이 목 중심 하단부에 넓게 퍼져 있으며 또한 마체의 중심 신경조직이 있는 부위이기 때문 입니다.
 그러므로 이 부위를 두드려주면 축하와 격려의 메시지가 말에 잘 전달이 되어 말은 정신적으로나 육체적인 긴장을 이완시키는 역할을 해주는 것 입니다.
 말에게 보답하는 뜻으로 두드려주기에 두 번째로 좋은 부위는 말의 등선마루 앞쪽의 어깨쪽 입니다.
 이 부위는 승마자가 앉음새나 자세를 전혀 흐뜨리지 않고서도 쉽게 손이 닿을 수 있는 부위이며, 방목 되어있는 말들끼리 서로 애정 표현을 하며 애무를 할 때에도 많이 이용하는 부위이기도 합니다.
 잘 발달된 사다리꼴의 근육이 있는 이 부위를 토닥여주면 말 전체의 몸으로 순간적으로 동시에 의사 전달이 잘 이루어집니다.
 토닥여주는 질이나 강도는 매우 중요하기 때문에 알맞게 해야 합니다.
 토닥임이 너무 약하면 그 전달되는 내용도 약해지고, 반대로 탁탁 치듯이 육중하게 두드리는 것도 칭찬의 수단으로는 부적합 합니다.
 칭찬이 아니라 야단을 치는 것으로 말은 오해를 하게 되지요.
 약한 것도 아니고 강한 것도 아닌 중간 정도가 가장 알맞은 정도인데 그 조절은 각자 알아서 하세요.
 아울러, 토닥여주는 타이밍도 상당히 중요 합니다.
 토닥여 주는 것은 말이 어떤 일을 올바르게 훌륭히 수행 하였을 직후에 바로 해야지, 그 시기를 놓치면 하나마나한 결과가 됩니다.
 사랑스러운 여러분들 愛馬의 성감대를 자주 자극해 주세요,
 강하지도, 약하지도 않게…….

느껴보세요.

혼히 승마 운동을 하면서 승마자 자신의 시선을 어디에 두어야 좋은지 궁금해 합니다.
정답은?
"말의 양 귀와 정수리, 또는 그 부근"에다 시선을 두고 앞을 바라보는 게 옳습니다.
올림픽이나 세계 선수권대회와 같은 국제적인 선수들이 출전하는 경기에서 선수들의 훈련 모습, 또는 경기 장면을 유심히 관찰 해 보면, 시선이 모두 한결같이 말의 정수리 부근을 주시하며 무표정 하게 자신이 해야 하는 운동에 집중된 모습을 흔히 보실 수 있습니다.
그런데 왜? 말의 양 귀와 정수리 부근에 시선을 두어야 한다. 라는 설명은 들어 보셨나요?
제가 장담 하건데 왜 그러는지 설명을 들어 보신 경우도 없으셨을 뿐만 아니라, 그런 질문을 해 보신 경우도 없으셨지 않았을까…….하는 게 제 개인적인 생각입니다만.
아무튼, 말은 정수리 뒤쪽의 두뇌로 이어지는 예민한 감각 수신 회로가 모두 이곳에 위치해 있기 때문입니다. 또한, 이 부위는 예민하게 의사를 전달하는 결정적인 부위이기 때문에 승마자는 이곳을 통해 말의 생각을 받아들여 이해할 수 있게 되므로, 승마자는 자신과 말 사이의 의사를 전달하는 이 연락선이 항시 열려 있도록 주의력을 집중 시켜야 합니다.
그런데, 말의 정수리에다 눈길을 둔다는 의미가 단순히 일반적으로 범하기 쉬운 아무 뜻 없이 땅을 내려 다 보는 것과 혼동하거나, 집중력의 결핍을 변명(아무 느낌도 받지 못하면서 바라보기만)하는 구실로 삼아서는 안 됩니다.
승마자는 항시 자기가 앉아 있는 말의 잔등을 통해서 무슨 일이 있는가를 생각하고! 느끼고, 또 느끼면서~ 생각! 하여야 합니다.
느끼고! 생각하고……. 생각하고! 느끼고…….
훌륭한 승마자가 되고자 한다면, 승마에 관한 모든 지식을 소화할 수 있도록 마음을 훈련 시켜야 합니다.
그렇게 되기 위해서는 관찰하고, 듣고, 읽고, 익히고, 또 스스로 느낄 수 있도록 탐구심을 가지고 말에 관한 모든 분야를 연구해야 합니다.

 승마는 단순히 운동하는 승마자와 말의 육체적인 운동을 하는 것뿐만이 아니라, 매 순간 느낌을 가지고 생각하고, 느낌에 따라 신호(부조)의 강도를 조절해야 하는 매우 고차원적인 스포츠 입니다.

 오늘부터 한번! 느~껴~ 보세요!!!

균형의 중요성

말은 태어 난지 채 한 시간도 안 되어 스스로 일어나 균형을 잡을 수 있습니다.

망아지는 일단 일어나서 균형을 잡기만 하면 걷고, 뛰고, 가벼운 도약도 할 수 있게 되고, 혼자 뛰다가 코너 부분을 너무 빨리 돈다든지, 바닥이 미끄러워 넘어지기도 하지만 좀처럼 균형을 잃지 않고 잘 미끄러지지도 않습니다.

반면, 우리들 인간은 비록 시간이 오래 걸리지만 우리들의 아기들도 이와 같은 방식으로 걷고, 오르고, 뛰는 움직임을 누구에게 배우지 않아도 스스로 상황에 따라 실패를 하면서 점점 배우게 됩니다.

말은 점차 나이가 들어가면서 이전에 전혀 경험하지 못했던 새로운 균형을 유지 하여야 하는 문제에 접하게 됩니다.

그것은 바로 사람을 태우고 사람의 몸무게에 적응하여 말 자신의 몸 균형을 잡는 법을 익혀야 하는데, 이때가 말에게는 가장 혼란을 겪게 되는 어려운 시기가 됩니다.

사람을 등에 태우고 균형을 맞출 때 승마자가 경험이 많고 기술이 좋다면 훨씬 더 쉽게 균형을 맞출 수 가 있지만, 승마자의 움직임이 경직되고 불안하며 균형이 맞지 않는 승마자는 말에게 부담이 될 수밖에 없습니다.

이런 경우 대부분의 말은 갑자기 날뛰거나 움직임을 반항하며 승마자의 지시에 거부 의사를 강하게 표현 합니다만, 이때 말에게 가장 어려운 점은 자신의 등에 이상스럽게 앉아있는 거추장스러운 인간을 내동댕이치는 것 보다는 자신에게 지금 무슨 지시를 승마자가 하는가를 전혀 이해하지 못하는데 있습니다.

여러분들은 등에 친구나 동료를 업고 달려가는데 등에 업힌 동료가 몸에 힘을 빼지 않고 좌우로 흔들며 업고 가는 사람의 보조에 맞추지 않으면서 자기 멋대로 움직이고 있다면 상당히 힘든 상황이 될 것이라는 상상이 가실 것 입니다.

어떤 종류의 움직임이든 말과 승마자가 서로 조화롭게 균형을 이룬다면 그 움직임은 편하고, 안전하고, 또한 능률적이 될 것 이지만, 균형을 잃게 되면 어떤 움직임이든 불편하고, 두려움을 유발하게 될 것 입니다.

움직임과 균형을 제대로 이해하지 못하면, 말들로 하여금 우리들이 원하는 행동을 하도록 할 수가 없습니다.

승마자는 말의 균형을 잡도록 도와야 하고, 승마자 스스로도 유연하고 균형이 정확하게 맞도록 훈련을 해야 합니다.
 단지 운동하는 동안의 균형뿐만 아니라 운동 시간의 배분, 운동량, 사료 급식과 영양, 추울 때와 더울 때의 관리, 말의 건강, 말의 컨디션. 등등을 모두 고려하는 균형 이야말로 진정한 균형! 이라고 할 수 있습니다.
 균형은 그래서 중요 합니다.

정말 탐나는 감!

말의 추진력은 앞다리 쪽이 아니라 뒷다리 쪽에서 발생 하는데, 말의 뒷다리와 리듬을 맞춤으로써 힘의 원천에 영향을 줄 수 있기 때문 입니다.

"추진을 하라" 는 주문을 하면 말에게 무조건 박차를 가하거나, 헛소리를 내거나, 채찍질을 가하는 것은, 잠시 말을 흥분 시키는 것이지 진정한 추진을 가하는 것이 아닙니다.

그렇다면 추진을 어떻게 하는 것일까요?

추진을 위해서는 추진을 하여야 하는 적절한 시기와, 추진을 하여야 하는 정확한 지점을 확실하게 알아야, 비로소 말에게 앞으로 더 씩씩하게 전진 하라는 싸인을 보낼 수가 있습니다.

예를 들어, 하나의 뒷다리가 지면에 착지 할 때, 착지하는 쪽 기승자의 기좌와 다리의 압박을 말의 몸체에 가해 줌으로써 착지된 말의 뒷다리로 뿜어내는 도약력의 힘의 정도를 강하게 하고, 말이 뒷다리에 힘을 주는 정도를 조절할 수 있게 됩니다.

말의 왼쪽(오른쪽) 뒷다리가 지면에 막 착지하고 뛰어나갈 준비를 하고 있는 순간에, 승마자가 왼쪽(오른쪽) 종아리로 말의 옆구리에 압력을 일순 증가 시키는 부조를 행한다면, 말은 왼쪽(오른쪽) 뒷다리로 더욱 힘차게 땅을 박차고 앞으로 뛰쳐나갈 것 입니다.

승마자가 다리(종아리)를 사용하는 시기는 승마자가 무엇을 하고 있는가에 따라 조금씩 달라지지만, 신호는 말의 다리가 지면에 착지 할 때 즉, 막 착지 했을 때나 혹은 다시 다리를 들어 올릴 준비를 할 때 사용될 수 있습니다.

박차를 사용 하는 것이 추진 행위임에는 분명 하지만, 어느 순간과 어떻게 작동이 되어서 추진이 되는지 그 원리를 정확하게 이해하고 승마를 하신다면 훨씬 더 재미있고 능률 또한 더 오를 것 입니다.

승마자가 말의 특정한 다리가 움직이고 있는 시기를 파악하고, 말의 움직임에 영향을 줄 수 있는 부조 사용의 최적 시기를 판단할 수 있도록 옆에서 코치나 지도자가 관찰 하면서 이야기를 해 준다면 승마자는 보다 더 정확한 느낌을 빨리 받으실 수 있을 것 입니다.

운동을 하실 때, 눈을 감고 말의 어느 쪽 다리가 움직이고 있는지. 경속보 반동은 올바르게 받고 있는지. 등을 점검 해 보시는 것도 좋은 훈련 방법 입니다.

승마는 이론으로 이루어지는 운동이 아니라 감각~ 감~ 느낌~으로 이루어지는 운동 입니다.

다른 스포츠처럼 힘을 어느 정도 가하여 어느 각도가 되도록 하면 어떤 포물선이 되는지, 아니면 어느 정도 힘을 가하면 어떤 탄성이 생기는지, 전혀 예측이 안 되는 게 승마 스포츠의 매력 입니다.

감각이 뛰어나면 그만큼 학습의 발전 속도도 빠릅니다.

이것들의 향상을 위해서……. 저도, 그리고 여러분도 매일 승마를 하고 있는 것 입니다.

아무튼, 말을 타는 마지막 순간까지……. 먹는 감이 아닌 이 "감"이 승마인들에게는 필수적인 요소 입니다.

홍시, 단감, 연시, 곶감…….이런 감 말고…….

진짜 감이 필요합니다.…….

좋은 말의 조건

좋은 말의 조건은 뭐니 뭐니 해도 머니(Money)가 많은 작용을 하지만…….
우선 유연성과 경쾌함이 좋은 말 이라고 할 수 있습니다.
유연성은 말이 앞, 뒤, 좌, 우 로 경직되지 않고 자연스럽게 균형을 바꿀 수 있는 능력을 의미합니다.
이는 균형과 진직성에 관련이 있습니다.
유연한 말은 움직임을 변화시키거나, 걸음을 바꾸려고 하는 승마자의 요구에 신속하고 쉽게 대응할 수 있습니다.
경직성은 유연성과 반대되는 개념입니다.
경직된 말은 설령 의지가 있다 하더라도 승마자의 요구에 반응하는 속도가 느리고 서툴게 되고, 유연한 말은 융통성이 있고 적응력이 뛰어납니다.
그러나 이 유연성은 말의 목을 과도하게 구부릴 수 있는 것과는 다릅니다.
이런 현상은 말이 직선으로 앞으로 나아가지 않고 꼬듯이 나아가거나 추진력이 부족한 경우에 생깁니다.
이처럼 말이 목을 과도하게 구부리는 것은 추진력이나 균형을 고려하지 않고 말의 목을 강압적으로 구부리게 훈련시킴으로써 야기되기도 합니다.
아울러, 경쾌함은 능숙하고 민첩하며 우아하게 움직이는 말의 능력입니다.
이는 유연성, 추진력, 균형과 자유로운 움직임의 결과입니다.
승마하기에 경쾌한 말은 능숙하고 균형이 잘 잡혀 있으며 반응성이 좋습니다.
경쾌한 움직임의 반대는 무겁고, 서툴고, 균형이 맞지 않은 움직임 입니다.
따라서 좋은 말! 이라 함은, 유연성이 좋고 경쾌한 말 이어야 합니다.